Técnico Medio Sanitario de Cuidados Auxiliares de Enfermería del Servicio Extremeño de Salud (SES)

Febrero, 2025

Curso

*La diferencia entre aprobar
y sacar plaza*

Técnico Medio Sanitario de Cuidados Auxiliares de Enfermería

SERVICIO EXTREMEÑO DE SALUD (SES)

Si aún no dispones de tu **Curso MAD360**, te ofrecemos un acceso GRATIS de 30 días para que disfrutes de los siguientes recursos:

- Técnicas de Memoria 360.
- MADTEST: Test *online* Nivel PRO.
- Temario en formato digital.
- Vídeos.
- Esquemas.
- Planificación de estudio.
- Foro entre opositores hasta la fecha del examen.*
- Recursos y novedades exclusivas.
- Consulta sobre la oposición y el proceso selectivo.
- Actualizaciones legislativas (Boletines Oficiales) hasta 60 días antes de la fecha del examen.*

Para acceder a esta prueba del Curso MAD360** será necesaria la compra de todos los libros para esta especialidad de la edición 2025.

Regístrate en **mad.es/iniciar-sesion** y en la pestaña BIBLIOTECA valida los códigos que encuentras en la última página de tus libros.

NOTA IMPORTANTE:

* Examen de esta categoría profesional correspondiente a la convocatoria publicada en el DOE n.º 249, de 26 de diciembre de 2024, o hasta el 28 de febrero de 2026, lo que se cumpla antes, y previa renovación del servicio.

** El acceso al CURSO MAD360 estará disponible desde febrero de 2025 (algunos recursos podrían estar disponibles en fecha posterior). Tendrá una duración de 30 días RENOVABLES mediante pago, desde la validación de códigos, o hasta el 31 de agosto de 2026, lo que se cumpla antes.

MAD se reserva el derecho a ampliar dichas fechas.

Técnico Medio Sanitario de Cuidados Auxiliares de Enfermería del Servicio Extremeño de Salud (SES)

Test del Temario

Autores

JUAN MANUEL GIL RAMOS
Licenciado en Medicina
Master en Salud Ambiental

MARÍA SANTAMARTA MARTINEZ
Enfermera Especialista Obstétrico-Ginecológica

LUIS SILVA GARCÍA
Diplomado Universitario en Enfermería
Recuperación de Urgencias

ROCÍO CLAVIJO GAMERO
Licenciada en Psicología

M.ª DEL CARMEN SILVA GARCÍA
Diplomada Universitaria en Enfermería
Técnica Especialista de Laboratorio

LIDIA PONCE MARTÍNEZ
Licenciada en Psicología

© 7 Editores Recursos para la Cualificación Profesional y el Empleo, S.L. (7 Editores)
© Los autores
Primera edición, febrero 2025 (210 páginas)
Derechos de edición reservados a favor de 7 Editores
IMPRESO EN ESPAÑA
Diseño Portada: 7 Editores
Edita: 7 Editores
Avda. San Francisco Javier, 9 · Edificio Sevilla 2 · Planta 11 · Módulos 25-27 · 41018 Sevilla
Teléfono: 954 784 411 · WEB: www.mad.es · e-mail: administracion@7editores.com
ISBN: 978-84-142-9164-1
© "Editorial Mad" y "Eduforma" son nombres comerciales registrados de
7 Editores Recursos para la Cualificación Profesional y el Empleo, S.L.

Índice

TEST DEL
TEMARIO COMÚN

TEST N.º 1

La Constitución Española de 1978: características y estructura. Título Preliminar. Los derechos y deberes fundamentales

1. ¿En qué se fundamenta la Constitución Española?

a) En un Estado social y democrático de Derecho.
b) En la indisoluble unidad de la Nación española.
c) En la independencia de los poderes del Estado.
d) En la organización territorial del Estado.

2. Según el artículo 3 de la CE, el castellano es la lengua oficial del Estado y todos los españoles:

a) Tienen el deber de usar y el derecho de conocer el castellano.
b) Tienen el derecho y el deber de conocer el castellano.
c) Tienen el deber de conocer y el derecho de usar el castellano.
d) Tienen el derecho de conocer y usar el castellano.

3. La Constitución Española reconoce y garantiza el derecho a la autonomía:

a) De las nacionalidades que la integran.
b) De las regiones que la integran.
c) De las Comunidades Autónomas que la integran.
d) De las nacionalidades y regiones que la integran.

4. El Preámbulo de la Constitución:

a) Tiene en sí carácter de norma jurídica.
b) Es una declaración de intenciones, destinada a interpretar lo que se quiere alcanzar con el contenido normativo de la Constitución.
c) Se trata de un texto sin fuerza jurídica de obligar.
d) Las respuestas b) y c) son correctas.

5. Señala la respuesta correcta, respecto de la aprobación, ratificación y publicación de la Constitución Española:

a) Aprobada por las Cortes el 31 de octubre de 1978, ratificada por el pueblo en referéndum el 6 de diciembre de 1978 y publicada el 29 de diciembre de 1978.

b) Aprobada por las Cortes el 30 de octubre de 1978, ratificada por el pueblo en referéndum el 16 de diciembre de 1978 y publicada el 27 de diciembre de 1978.

c) Aprobada por las Cortes el 31 de octubre de 1978, ratificada por el pueblo en referéndum el 16 de diciembre de 1978 y publicada el 29 de diciembre de 1978.

d) Aprobada por las Cortes el 10 de octubre de 1978, ratificada por el pueblo en referéndum el 26 de diciembre de 1978 y publicada el 30 de diciembre de 1978.

6. ¿En qué parte de la Carta Magna se establece la exposición de motivos que impulsan la norma constitucional y los objetivos que con ella se pretenden alcanzar?

a) En el Título Preliminar.

b) En el Preámbulo.

c) En el Título I.

d) En el Título II.

7. La Constitución Española fue sancionada por:

a) El Rey.

b) El Presidente del Congreso.

c) Las Cortes Generales.

d) El Presidente del Gobierno.

8. ¿Cuáles de los siguientes españoles de origen pueden ser privados de su nacionalidad?

a) Exclusivamente los miembros de grupos terroristas.

b) Los miembros de grupos terroristas y los que atenten contra el Rey u otro miembro de la Casa Real.

c) Los que atenten contra un miembro de la Familia Real o del Gobierno de la Nación.

d) Ningún español de origen podrá ser privado de su nacionalidad.

9. Según la CE son fundamentos del orden político y la paz social:

a) La dignidad de la persona, los derechos violables que les son inherentes y el respeto a la ley.

b) La dignidad de la persona, el desarrollo limitado de la personalidad y el respeto a la ley.

c) El respeto a la ley, a los reglamentos administrativos y demás disposiciones legales.

d) La dignidad de la persona, los derechos inviolables que le son inherentes, el libre desarrollo de su personalidad, el respeto a la ley y a los derechos de los demás.

10. ¿Cuál de los siguientes es considerado por la CE como uno de los valores superiores del ordenamiento jurídico?

a) La jerarquía normativa.
b) El pluralismo político.
c) La publicidad normativa.
d) La equidad.

11. La forma política del Estado español es:

a) Democracia parlamentaria.
b) Gobierno parlamentario.
c) Monarquía parlamentaria.
d) República democrática.

12. La parte de la CE que regula la estructura de los principales órganos del Estado recibe el nombre de:

a) Parte dogmática.
b) Parte orgánica.
c) Parte estatal.
d) Parte estructural.

13. Según la CE, la soberanía nacional:

a) Corresponde a las Cortes Generales, al estar compuestas por los representantes del pueblo.
b) Corresponde al Rey.
c) Reside en el pueblo español.
d) Corresponde al Gobierno de la Nación elegido directamente por el pueblo.

14. ¿En qué parte de la Carta Magna se señalan los valores superiores del ordenamiento jurídico?

a) En el Preámbulo.
b) En el Título Preliminar.
c) En el Título I.
d) Ninguna respuesta es correcta.

15. ¿Cuál de las siguientes es una de las características de nuestra Constitución de 1978?

a) Consensuada.
b) Corta.
c) Conservadora.
d) Originalidad.

16. Son el fundamento del orden político y de la paz social:

a) El libre desarrollo de la personalidad.
b) Los derechos inviolables que les son inherentes.
c) El respeto a la ley y a los derechos de los demás.
d) Todas las respuestas son correctas.

17. ¿Qué quedará excluido de extradición?

a) Los delitos criminales.
b) Los delitos políticos.
c) Los actos de terrorismo.
d) Ninguno.

18. ¿Qué debe ser democrático, a tenor de lo dispuesto en la Constitución Española, en los sindicatos de trabajadores y las asociaciones empresariales?

a) Su funcionamiento.
b) Su estructura interna.
c) Su funcionamiento y estructura interna.
d) Sus órganos asamblearios.

19. ¿De cuántos Capítulos consta el Título I de la CE de 1978?

a) De tres.
b) De cinco.
c) De dos.
d) De cuatro.

20. El derecho a la propiedad en nuestra Constitución es un Derecho:

a) Inherente a la condición humana.
b) Absoluto.
c) Que está limitado por la función social de la misma.
d) Ninguna de las respuestas anteriores es correcta.

En MADTEST tienes **más preguntas de este tema, comentadas y argumentadas**, y todos tus avances quedan registrados y se reflejan en el ranking.

¡Supera tus límites con MADTEST!

Solución al test n.º 1

1. b) En la indisoluble unidad de la Nación española.

2. c) Tienen el deber de conocer y el derecho de usar el castellano.

3. d) De las nacionalidades y regiones que la integran.

4. d) Las respuestas b) y c) son correctas.

5. a) Aprobada por las Cortes el 31 de octubre de 1978, ratificada por el pueblo en referéndum el 6 de diciembre de 1978 y publicada el 29 de diciembre de 1978.

6. b) En el Preámbulo.

7. a) El Rey.

8. d) Ningún español de origen podrá ser privado de su nacionalidad.

9. d) La dignidad de la persona, los derechos inviolables que le son inherentes, el libre desarrollo de su personalidad, el respeto a la ley y a los derechos de los demás.

10. b) El pluralismo político.

11. c) Monarquía parlamentaria.

12. b) Parte orgánica.

13. c) Reside en el pueblo español.

15. a) Consensuada.

16. d) Todas las respuestas son correctas.

17. b) Los delitos políticos.

18. c) Su funcionamiento y estructura interna.

19. b) De cinco.

20. c) Que está limitado por la función social de la misma.

TEST N.º 2

El Estatuto de Autonomía de Extremadura: Estructura y modificaciones. Título Preliminar. Las competencias. Las instituciones de Extremadura

1. El Estatuto de Autonomía de Extremadura fue aprobado por:

a) Las Cortes Generales por la Ley 1/83, de 25 de febrero.
b) Las Cortes Generales por la Ley Orgánica 1/83, de 25 de febrero.
c) La Asamblea de Extremadura por la Ley 1/83, de 25 de febrero.
d) La Asamblea de Extremadura por la Ley Orgánica 1/83, de 25 de febrero.

2. La última de las reformas del Estatuto de Autonomía se realizó por:

a) Ley Orgánica 12/1999, de 6 de mayo.
b) Ley Orgánica 4/2002, de 11 de junio.
c) Ley Orgánica 1/2011 de 28 de enero.
d) Ley Orgánica 1/2011 de 24 de marzo.

3. El Estatuto de Autonomía de Extremadura consta de:

a) Un Título Preliminar, 7 Títulos, 7 Disposiciones Adicionales, 1 Disposición Derogatoria y una disposición Final.
b) Un Título Preliminar, 7 Títulos, 6 Disposiciones Adicionales y una disposición Final.
c) Un Título Preliminar, 6 Títulos, 2 Disposiciones Adicionales, 1 Disposición Derogatoria y una disposición Final.
d) Un Título Preliminar, 9 Títulos, 4 Disposiciones Adicionales y una disposición Final.

4. Las Instituciones de Extremadura se tratan en el:

a) Título Preliminar.
b) Título I.
c) Título II.
d) Título III.

5. El Título IV trata de:

a) La Junta de Extremadura.
b) La organización judicial.
c) La organización territorial.
d) Economía y Hacienda.

6. El Título Preliminar del Estatuto de Autonomía se desarrolla a lo largo de los:

a) Cinco primeros artículos.
b) Seis primeros artículos.
c) Siete primeros artículos.
d) Nueves primeros artículos.

7. Los Poderes de la Comunidad Autónoma de Extremadura emanan:

a) De la Constitución y del Estatuto.
b) Del Estado, de la Constitución y del Estatuto.
c) Del Pueblo, de la Constitución y del Estatuto.
d) De la Constitución española.

8. Son elementos diferenciales de Extremadura, y han de orientar la actuación de los poderes públicos:

a) La vitalidad de su reciente identidad colectiva, la calidad de su medio ambiente y su patrimonio cultural, así como el predominio del mundo rural.
b) Su proyección en Portugal e Iberoamérica.
c) Los condicionantes históricos de su desarrollo socioeconómico y la baja densidad de su población y su dispersión, entendida como dificultad relativa de acceso a los servicios y equipamientos generales.
d) Todos los anteriores.

9. De acuerdo con el Estatuto, gozan de la condición política de extremeños:

a) Los ciudadanos españoles que, de acuerdo con las Leyes generales del Estado, tengan vecindad administrativa en cualquiera de los municipios de Extremadura.
b) Los ciudadanos españoles residentes en el extranjero que hayan tenido la última vecindad administrativa en Extremadura y acrediten esta condición en la correspondiente representación diplomática de España.
c) Los descendientes inscritos como españoles, si así lo solicitan en la forma que determina una Ley del Estado.
d) Todos ellos.

10. De acuerdo con el artículo 7, los poderes públicos regionales:

a) Ejercerán sus atribuciones con las finalidades primordiales de promover las condiciones de orden social, político, cultural o económico, para que la libertad y la igualdad de los extremeños, entre sí y con el resto de los españoles y europeos, sean reales y efectivas.

b) Perseguirán un modelo de desarrollo social capitalista y cuidarán de la preservación y mejora de la calidad medioambiental y la biodiversidad de la región, con especial atención a sus ecosistemas característicos, como la dehesa.

c) Favorecerán medidas para el gasto energético y apoyarán la generación de energías renovables.

d) Velarán por la especial protección de aquellos sectores de población con especiales necesidades de cualquier tipo.

11. El Estatuto de Autonomía recoge la Asamblea de Extremadura en el:

a) Capítulo I del Título II.
b) Capítulo II del Título II.
c) Capítulo I del Título I.
d) Capítulo III del Título III.

12. De acuerdo con el artículo 16.2, corresponde a la Asamblea de Extremadura:

a) Realizar los Presupuestos de la Comunidad Autónoma y autorizar el recurso al crédito público, en los términos del Título VI de este Estatuto.

b) Ejercer el control de los medios de comunicación social dependientes de la Comunidad Autónoma.

c) Designar de entre los diputados de la Asamblea a los diputados a que se refiere el artículo 69.5 de la Constitución tras las elecciones autonómicas.

d) Todas las anteriores.

13. Los miembros de la Asamblea de Extremadura serán elegidos por sufragio universal, libre, igual, directo y secreto, de acuerdo con criterios de representación proporcional:

a) Siendo un número entre 50 y 70.
b) En número máximo de 65.
c) Siendo un número entre 65 y 70.
d) En número máximo de 60.

14. La sesión constitutiva de la Asamblea electa será convocada por el Presidente cesante dentro de los:

a) Diez días siguientes a la celebración de las elecciones.
b) Quince días siguientes a la celebración de las elecciones.

c) Veinte días siguientes a la celebración de las elecciones.
d) Treinta días siguientes a la celebración de las elecciones.

15. En todo caso, las iniciativas legislativas que se presenten por la vía popular deberán estar avaladas por al menos:

a) 35.000 firmas acreditadas del censo para las elecciones a la Asamblea.
b) 40.000 firmas acreditadas del censo para las elecciones a la Asamblea.
c) 45.000 firmas acreditadas del censo para las elecciones a la Asamblea.
d) 50.000 firmas acreditadas del censo para las elecciones a la Asamblea.

16. La Presidencia se trata en el Estatuto de Autonomía en el:

a) Capítulo II del Título I.
b) Capítulo II del Título II.
c) Capítulo II del Título III.
d) Capítulo III del Título II.

17. El candidato a Presidente de la Junta de Extremadura es propuesto por el:

a) Anterior Presidente de la Comunidad Autónoma.
b) Rey.
c) El Presidente de la Asamblea de Extremadura.
d) El grupo político con mayor representación.

18. El candidato propuesto presentará su programa a la Asamblea dentro de:

a) Los 15 días siguientes a su designación.
b) El mes siguiente a su designación.
c) Los 7 días siguientes a su designación.
d) Los 10 días siguientes a su designación.

19. Como Presidente de la Junta de Extremadura le corresponde al Presidente:

a) Ejercer la representación de Extremadura en sus relaciones con las instituciones del Estado, con otras Comunidades Autónomas y con las demás administraciones públicas, y en el ámbito internacional cuando proceda.
b) Asegurar en el ámbito de la Comunidad Autónoma el respeto al orden constitucional y al resto del ordenamiento jurídico, adoptando las medidas que fuesen necesarias en el marco de las competencias que le son propias.
c) Establecer, de acuerdo con su programa político, las directrices generales de la acción de gobierno e impulsar, dirigir y coordinar la acción del mismo.
d) Convocar elecciones a la Asamblea de Extremadura, la sesión constitutiva de esta y, en su caso, disolverla en los términos previstos en este Estatuto.

20. Si la Asamblea negara su confianza al Presidente de la Junta, éste presentará su dimisión ante aquélla, cuyo Presidente convocará, la sesión plenaria para la elección de nuevo Presidente, en el plazo máximo de:

a) Cinco días.
b) Diez días.
c) Quince días.
d) Un mes.

En MADTEST tienes **más preguntas de este tema, comentadas y argumentadas**, y todos tus avances quedan registrados y se reflejan en el ranking.

¡Supera tus límites con MADTEST!

Solución al test n.º 2

1. b) Las Cortes Generales por la Ley Orgánica 1/83, de 25 de febrero.

2. c) Ley Orgánica 1/2011 de 28 de enero.

3. a) Un Título Preliminar, 7 Títulos, 7 Disposiciones Adicionales, 1 Disposición Derogatoria y una disposición Final.

4. c) Título II.

5. c) La organización territorial.

6. c) Siete primeros artículos.

7. c) Del Pueblo, de la Constitución y del Estatuto.

8. d) Todos los anteriores.

9. d) Todos ellos.

10. d) Velarán por la especial protección de aquellos sectores de población con especiales necesidades de cualquier tipo.

11. a) Capítulo I del Título II.

12. b) Ejercer el control de los medios de comunicación social dependientes de la Comunidad Autónoma.

13. b) En número máximo de 65.

14. b) Quince días siguientes a la celebración de las elecciones.

15. c) 45.000 firmas acreditadas del censo para las elecciones a la Asamblea.

16. b) Capítulo II del Título II.

17. c) El Presidente de la Asamblea de Extremadura.

18. a) Quince días siguientes a su designación.

19. c) Establecer, de acuerdo con su programa político, las directrices generales de la acción de gobierno e impulsar, dirigir y coordinar la acción del mismo.

20. c) Quince días.

TEST N.º 3

El Estatuto Marco del Personal Estatutario de los Servicios de Salud: Normas generales. Clasificación del personal estatutario. Derechos y deberes. Adquisición y pérdida de la condición de personal estatutario fijo

1. El personal estatutario con nombramiento expedido para el ejercicio de una profesión o especialidad sanitaria se denomina:

a) Personal sanitario.
b) Otro personal.
c) Personal de mantenimiento.
d) Personal de gestión y servicios.

2. El personal estatutario con nombramiento expedido para el desempeño de funciones de gestión o para el desempeño de profesiones u oficios que no tengan carácter sanitario se denomina:

a) Personal universitario.
b) Personal de gestión y servicios.
c) Personal directivo.
d) Personal administrativo.

3. Según establece el art. 8 de la Ley 55/2003, de 16 de diciembre, del Estatuto Marco de los Servicios de Salud, es personal estatutario fijo:

a) El que, una vez superado el correspondiente proceso selectivo, obtiene un nombramiento para el desempeño, con carácter permanente, de las funciones que de tal nombramiento se deriven.
b) Todo el personal al servicio de los Servicios de Salud.
c) El personal que realice una prestación de servicios determinados de naturaleza temporal, coyuntural o extraordinaria.
d) El personal en posesión de un contrato laboral indefinido.

4. Conforme al artículo 9.1 del Estatuto Marco (*en redacción dada por el Real De-creto-ley 12/2022, de 5 de julio, por el que se modifica la Ley 55/2003, de 16 de diciembre, del Estatuto Marco del personal estatutario de los servicios de salud*) los nombramientos del Personal Estatutario Temporal de los Servicios de Salud serán:

a) Únicamente de Personal Estatutario Sanitario.
b) Personal Estatutario Contratado.
c) De interinidad.
d) Como Personal Laboral.

5. Conforme a lo dispuesto en el artículo 2.2 de la Ley 55/2003, de 16 de diciembre, del Estatuto Marco del personal estatutario de los servicios de salud, en lo no previsto en la misma serán aplicables al personal estatutario:

a) Las disposiciones y principios generales sobre función pública de la Administración correspondiente.
b) Las disposiciones de derecho laboral, dictadas al amparo del artículo 149.1.7º de la Constitución.
c) Las disposiciones sobre función pública de la Administración del Estado, en todo caso, conforme a lo dispuesto en el artículo 149.3 de la Constitución.
d) El convenio colectivo del personal laboral al servicio de la Administración correspondiente.

6. Conforme al artículo 6.2 de la Ley 55/2003, de 16 de diciembre, del Estatuto Marco del personal estatutario de los servicios de salud, atendiendo al nivel académico del título exigido para el ingreso, el personal estatutario sanitario de formación profesional se divide en:

a) Técnicos sanitarios y Auxiliares de Enfermería.
b) Técnicos superiores y Técnicos.
c) Técnicos superiores y Técnicos de gestión.
d) Técnicos especialistas y Técnicos.

7. La categoría profesional de Celador está comprendida dentro del grupo de:

a) Personal de gestión y servicios.
b) Personal no estatutario.
c) Personal estatutario sanitario.
d) Personal estatutario de formación profesional.

8. Es personal Estatutario Sanitario:

a) El que ejerce una profesión o especialidad sanitaria.
b) El que ostenta esta condición en virtud de nombramiento expedido para el ejercicio de una profesión o especialización sanitaria.

c) El que desempeña una categoría clasificada como sanitaria.
d) Quien ejerza una profesión sanitaria sin ostentar la condición de funcionario.

9. El personal Estatutario de Gestión y Servicio se clasifica en función del título exigido para el ingreso en:

a) Personal de formación universitaria, personal de formación personal y otro personal.
b) Personal universitario, personal de formación profesional y personal subalterno.
c) Personal licenciado universitario, personal de administración y personal auxiliar.
d) Ninguna es correcta.

10. El Estatuto Marco del Personal Estatutario de los Servicios de Salud está regulado por:

a) Una Ley orgánica.
b) Una Ley ordinaria.
c) Un Real Decreto.
d) Un Reglamento.

11. No constituye un derecho individual del personal estatutario:

a) La estabilidad en el empleo.
b) La movilidad voluntaria.
c) El descanso necesario.
d) La negociación colectiva.

12. El régimen de derechos del personal estatutario será aplicable al personal temporal:

a) En la medida en que la naturaleza del derecho lo permita.
b) En todo caso.
c) En ningún caso.
d) Solo cuando así se establezca en su nombramiento.

13. En relación con los derechos y deberes regulados en el Estatuto Marco, no se considera un derecho colectivo:

a) La huelga.
b) La actividad sindical.
c) La reunión.
d) La estabilidad en el empleo.

14. Entre los siguientes derechos que le reconoce el Estatuto Marco al personal estatutario, ¿cuál de ellos no tiene el carácter de derecho individual?

a) La estabilidad en el empleo.
b) El respeto a la dignidad e intimidad personal en el trabajo.
c) La formación continuada adecuada a la función desempeñada.
d) La inamovilidad del puesto de trabajo.

15. El personal estatutario de los servicios de salud tiene el deber de:

a) Participar en la elaboración de los convenios colectivos.
b) Realizar sus funciones fuera del horario y jornada habitual.
c) Realizar actividades sindicales.
d) Respetar la Constitución, el Estatuto de Autonomía correspondiente y el resto del ordenamiento jurídico.

16. Según el Estatuto Marco del Personal Estatutario de los Servicios de Salud, ¿cuál de los siguientes es un derecho colectivo?

a) Derecho a la percepción puntual de las retribuciones e indemnizaciones por razón del servicio en cada caso establecidas.
b) Derecho a la libre sindicación.
c) Derecho a la movilidad voluntaria, promoción interna y desarrollo profesional, en la forma en que prevean las disposiciones en cada caso aplicables.
d) Derecho a la jubilación en los términos y condiciones establecidas en las normas en cada caso aplicables.

17. Conforme al artículo 5 de la Ley 55/2003, de 16 de diciembre, el personal estatutario de los Servicios de Salud, se clasifica con diferentes criterios, atendiendo:

a) A la función desarrollada; al nivel del título exigido para su ingreso; y al tipo de contrato.
b) Al nivel del título exigido para su ingreso; y al tipo de nombramiento.
c) A su carácter de propietario, interino o eventual.
d) A la función desarrollada; al nivel del título exigido para su ingreso; y al tipo de nombramiento.

18. En el supuesto de existencia de plaza vacante, son estatutarios interinos los que, por razones expresamente justificadas de necesidad y urgencia, son nombrados como tales con carácter temporal para el desempeño de funciones propias de estatutarios, cuando no sea posible su cobertura por personal estatutario fijo, durante un plazo máximo de:

a) Dos años.
b) Tres años.

c) Cuatros años.
d) Seis años.

19. La Ley 55/2003 del Estatuto Marco de Personal Estatutario de los Servicios de Salud es de aplicación:

a) Al personal estatutario que integra las profesiones sanitarias.
b) Al personal estatutario que desempeña su función en los centros e instituciones sanitarias de los servicios de salud.
c) Al personal funcionario de los servicios de salud de las Comunidades Autónomas.
d) Al personal sanitario, excluyendo el personal de gestión y servicios.

20. El Estatuto Marco del personal estatutario considera a este personal como titular de una relación:

a) Funcionarial común.
b) Laboral común.
c) Estatutaria de la Seguridad Social.
d) Funcionarial especial.

En MADTEST tienes **más preguntas de este tema, comentadas y argumentadas**, y todos tus avances quedan registrados y se reflejan en el ranking.

¡Supera tus límites con MADTEST!

Solución al test n.º 3

1. a) Personal sanitario.

2. b) Personal de gestión y servicios.

3. a) El que, una vez superado el correspondiente proceso selectivo, obtiene un nombramiento para el desempeño, con carácter permanente, de las funciones que de tal nombramiento se deriven.

4. c) De interinidad.

5. a) Las disposiciones y principios generales sobre función pública de la Administración correspondiente.

6. b) Técnicos superiores y Técnicos.

7. a) Personal de gestión y servicios.

8. b) El que ostenta esta condición en virtud de nombramiento expedido para el ejercicio de una profesión o especialización sanitaria.

9. a) Personal de formación universitaria, personal de formación personal y otro personal.

10. b) Una Ley ordinaria.

11. d) La negociación colectiva.

12. a) En la medida en que la naturaleza del derecho lo permita.

13. d) La estabilidad en el empleo.

14. d) La inamovilidad del puesto de trabajo.

15. d) Respetar la Constitución, el Estatuto de Autonomía correspondiente y el resto del ordenamiento jurídico.

16. b) Derecho a la libre sindicación.

17. d) A la función desarrollada; al nivel del título exigido para su ingreso; y al tipo de nombramiento.

18. b) Tres años.

19. b) Al personal estatutario que desempeña su función en los centros e instituciones sanitarias de los servicios de salud.

20. d) Funcionarial especial.

TEST N.º 4

Ley de Salud de Extremadura: objeto, ámbito y principios rectores. El Sistema Sanitario Público de Extremadura: disposiciones generales y derechos y deberes de los ciudadanos respecto al Sistema Sanitario. Los Estatutos del Organismo Autónomo Servicio Extremeño de Salud

1. Es objeto de la Ley 10/2001, de 28 de junio, de Salud de Extremadura:

a) El reconocimiento de la protección de la salud en la Comunidad Autónoma de Extremadura.

b) La creación del Servicio Extremeño de Salud.

c) La universalización de la atención sanitaria en el ámbito de la Comunidad Autónoma de Extremadura.

d) La regulación de la Tarjeta Sanitaria en el ámbito de la Comunidad Autónoma de Extremadura.

2. Siguiendo el artículo 3 de la Ley 10/2001 de Salud de Extremadura, uno de sus principios rectores es la concepción integral de la salud:

a) Así como de su coordinación, descentralización, autonomía y responsabilidad.

b) Garantizando la igualdad efectiva en las condiciones de acceso a los servicios y actuaciones sanitarias.

c) Incluyendo actuaciones de promoción, prevención, asistencia, rehabilitación e incorporación social.

d) En la asignación, utilización y gestión de los recursos.

3. El artículo 4 de la Ley 10/2001 define el Sistema Sanitario Público de Extremadura como:

a) Un conjunto de centros y dependencias sanitarias.

b) Un organismo autónomo con personalidad propia.

c) Un compendio de normas jurídicas en torno al derecho a la protección de la salud.

d) Un conjunto de recursos, actividades y prestaciones.

4. Conforme al artículo 4.2 de la Ley 10/2001, ¿quién garantiza el funcionamiento armónico y eficaz del Sistema Sanitario Público de Extremadura, en los términos de esta ley y mediante las facultades de dirección, coordinación, ordenación, planificación, supervisión y control que en ella se le atribuyen?

a) La Junta de Extremadura.
b) La Asamblea de Extremadura.
c) La Consejería de Salud y Servicios Sociales.
d) El Gobierno español.

5. Comprende el conjunto de cuidados destinados a aquellos enfermos, generalmente crónicos, que por sus especiales características pueden beneficiarse de la actuación simultánea y sinérgica de los servicios sanitarios y sociales para aumentar su autonomía, paliar sus limitaciones o sufrimientos y facilitar su reinserción social:

a) La atención primaria.
b) La atención especializada.
c) La atención sociosanitaria.
d) La prestación de salud pública.

6. Las prestaciones de salud pública se ejercerán a partir de las estructuras de salud pública de las Administraciones y de la infraestructura de atención primaria del Sistema Nacional de Salud, con un carácter:

a) De integralidad.
b) De confidencialidad.
c) Asistencial.
d) Disciplinario.

7. En el ámbito sanitario, la atención sociosanitaria se llevará a cabo en los niveles de atención que cada comunidad autónoma determine y en cualquier caso comprenderá:

a) Los cuidados sanitarios de corta duración.
b) La atención sanitaria a la convalecencia.
c) La rehabilitación en pacientes con déficit funcional no recuperable.
d) La indicación o prescripción, y la realización, en su caso, de procedimientos diagnósticos y terapéuticos.

8. Comprende todas las actividades asistenciales de prevención, diagnóstico, tratamiento y rehabilitación que se realicen en centros sanitarios o sociosanitarios, así como el transporte sanitario urgente, cubiertos de forma completa por financiación pública:

a) La cartera común básica de servicios asistenciales del Sistema Nacional de Salud.
b) La cartera común suplementaria del Sistema Nacional de Salud.

c) La cartera común de servicios accesorios del Sistema Nacional de Salud.

d) La cartera especial de servicios asistenciales del Sistema Nacional de Salud.

9. NO se incluye en la cartera común suplementaria del Sistema Nacional de Salud:

a) Prestación farmacéutica.

b) Prestación ortoprotésica.

c) Prestación con productos dietéticos.

d) Transporte sanitario urgente.

10. El contenido de la cartera común de servicios del Sistema Nacional de Salud se determinará:

a) Por acuerdo del Consejo Interterritorial del Sistema Nacional de Salud.

b) Por acuerdo del Consejo de Ministros.

c) Por Orden del Ministerio de Sanidad.

d) Por Ley del Parlamento español.

11. Corresponde a la Consejería de Salud y Servicios Sociales:

a) La aprobación del Plan de Salud de Extremadura.

b) La aprobación del mapa sanitario de la Comunidad.

c) El establecimiento de las directrices de la política sanitaria de la Comunidad Autónoma.

d) Establecer los principios generales que han de informar la política de salud en la Comunidad Autónoma de Extremadura, proponiendo los criterios generales de planificación.

12. Los titulares de los derechos recogidos en la Ley 10/2001, tienen derecho a ser advertidos de si los procedimientos de pronóstico, diagnóstico y terapéuticos que se le apliquen pudieran ser utilizados en un proyecto docente o de investigación:

a) Cuando dicha aplicación comporte riesgo adicional para la salud.

b) En todo caso será imprescindible la previa autorización de palabra o por escrito del paciente.

c) En todo caso será imprescindible la aceptación por parte del médico y de la dirección del correspondiente centro sanitario.

d) Siendo recomendable la previa autorización por escrito del paciente.

13. Sin perjuicio de la libertad de empresa, cuál de los siguientes derechos de los usuarios de los servicios sanitarios del Sistema Sanitario Público de Extremadura será ejercido también con respecto a los servicios sanitarios privados:

a) A participar en las actividades sanitarias a través de los cauces previstos en la normativa básica estatal, en la Ley 10/2001 y en cuantas disposiciones la desarrollen.

b) A la libre elección de médico, servicio y centro, así como a obtener una segunda opinión médica.

c) A la utilización de los procedimientos de reclamación y sugerencias, así como a recibir respuestas por escrito, siempre de acuerdo con los plazos que reglamentariamente se establezcan.

d) Al libre acceso al defensor de los usuarios del Sistema Sanitario Público de Extremadura.

14. ¿Cuál es el órgano colegiado superior de carácter consultivo, de participación ciudadana y de formulación y control de la política sanitaria en la Comunidad Autónoma de Extremadura?

a) El Consejo Extremeño de Salud.
b) El Consejo Interterritorial de Salud.
c) El Consejo Regional de Pacientes de Extremadura.
d) El Consejo General del Servicio Extremeño de Salud.

15. Señalar, conforme al artículo 13 de la Ley 10/2001, de cuál de los siguientes no se contempla su participación en el Consejo Extremeño de Salud:

a) De las Administraciones Locales.
b) De los sindicatos y las organizaciones empresariales más representativas a nivel de Extremadura.
c) De la Universidad de Extremadura.
d) De las organizaciones de consumidores y usuarios.

16. El Defensor de los Usuarios del Sistema Sanitario Público de Extremadura dará cuenta de sus actividades anualmente:

a) Al Consejo de Gobierno de la Junta de Extremadura.
b) Al Consejo Extremeño de Salud.
c) Al Pleno de la Asamblea de Extremadura.
d) Al Consejo General del Servicio Extremeño de Salud.

17. El Defensor de los Usuarios del Sistema Sanitario Público de Extremadura será designado por el Consejo de Gobierno de la Junta de Extremadura a propuesta de:

a) El Consejo Extremeño de Salud.
b) El Consejo Regional de Pacientes de Extremadura.
c) El Consejero de Sanidad y Servicios Sociales.
d) El Consejo Regional de Consumidores y Usuarios.

18. El Defensor de los Usuarios del Sistema Sanitario Público de Extremadura será designado por un período de:

a) 3 años.
b) 4 años.

c) 5 años.
d) 6 años.

19. ¿Qué título de la Ley 10/2001, de Salud de Extremadura, se refiere al Plan de Salud de Extremadura?

a) El título I.
b) El título II.
c) El título III.
d) El título IV.

20. El título III de los Estatutos del Servicio Extremeño de Salud se refiere a:

a) Objeto y ámbitos territorial y funcional.
b) Régimen de contratación administrativa y de recursos humanos.
c) Organización y funcionamiento.
d) Régimen jurídico, patrimonial y financiero.

En MADTEST tienes **más preguntas de este tema, comentadas y argumentadas**, y todos tus avances quedan registrados y se reflejan en el ranking.

¡Supera tus límites con MADTEST!

Solución al test n.º 4

1. b) La creación del Servicio Extremeño de Salud.

2. c) Incluyendo actuaciones de promoción, prevención, asistencia, rehabilitación e incorporación social.

3. d) Un conjunto de recursos, actividades y prestaciones.

4. a) La Junta de Extremadura.

5. c) La atención sociosanitaria.

6. a) De integralidad.

7. b) La atención sanitaria a la convalecencia.

8. a) La cartera común básica de servicios asistenciales del Sistema Nacional de Salud.

9. d) Transporte sanitario urgente.

10. a) Por acuerdo del Consejo Interterritorial del Sistema Nacional de Salud.

11. d) Establecer los principios generales que han de informar la política de salud en la Comunidad Autónoma de Extremadura, proponiendo los criterios generales de planificación.

12. c) En todo caso será imprescindible la aceptación por parte del médico y de la dirección del correspondiente centro sanitario.

13. c) A la utilización de los procedimientos de reclamación y sugerencias, así como a recibir respuestas por escrito, siempre de acuerdo con los plazos que reglamentariamente se establezcan.

14. a) El Consejo Extremeño de Salud.

15. c) De la Universidad de Extremadura.

16. b) Al Consejo Extremeño de Salud.

17. d) El Consejo Regional de Consumidores y Usuarios.

18. c) 5 años.

19. b) El título II.

20. d) Régimen jurídico, patrimonial y financiero.

TEST DEL TEMARIO ESPECÍFICO

Organización de la Atención Sanitaria en Extremadura. Niveles de atención sanitaria en Extremadura. Decreto 47/2023, de 10 de mayo, por el que se aprueba el Reglamento General de Organización y Funcionamiento de la Atención Primaria de Salud de la Comunidad Autónoma de Extremadura

1. ¿Qué centros, servicios y establecimientos del Sistema de los que se nombran no pertenecen al Sistema Sanitario Público de Extremadura?

a) Los centros, servicios y establecimientos sanitarios de las Corporaciones locales, y cualesquiera otras Administraciones territoriales intracomunitarias.

b) Los centros, servicios y establecimientos sanitarios privados, aunque no se adscriban al mismo por concierto o por convenio singular de vinculación.

c) Los centros, servicios y establecimientos sanitarios de organismos, empresas públicas o cualesquiera otras entidades públicas admitidas en derecho, adscritos a la Administración Sanitaria de la Junta de Extremadura.

d) Los centros, servicios y establecimientos sanitarios públicos integrados en el Servicio Extremeño de Salud o adscritos al mismo.

2. ¿Cómo se denominan y ordenan las demarcaciones territoriales del Sistema Sanitario Público de Extremadura? Se denominan...

a) Comarcas de Salud.
b) Mancomunidades de Salud.
c) Áreas de Salud.
d) Zonas de Salud.

3. Todo lo que se dice del Área de Salud del Sistema Sanitario Público de Extremadura es cierto, excepto:

a) Constituye el ámbito de referencia para la financiación de las actuaciones sanitarias que en ellas se desarrollan.

b) Promoverá la efectiva aproximación de los servicios al usuario y la coordinación de todos los recursos sanitarios y sociosanitarios, públicos y privados.

c) Se considera la estructura básica del Sistema Sanitario Público de Extremadura.

d) Sus órganos de gobierno no deben potenciar la coordinación de los recursos sanitarios con los dispositivos de acción social, siendo Trabajo Social quien se encargaría exclusivamente de dicha responsabilidad.

4. ¿A quién corresponde la aprobación y modificación de los límites territoriales de las áreas de salud en Extremadura? Corresponde...

a) Al Ministerio de Salud del Ejecutivo Estatal, una vez oído el Consejo de Estado.

b) A la Junta de Extremadura, oído el Consejo Extremeño de Salud.

c) Al Ministerio de Salud del Ejecutivo Estatal, si necesidad de oír al Consejo de Estado.

d) A la Junta de Extremadura, sin necesidad de oír al Consejo Extremeño de Salud.

5. ¿En qué se dividen las áreas de Salud en Extremadura? Se dividen en...

a) Unidades de Salud.

b) Zonas de Salud.

c) Municipios de Salud.

d) Centros bases.

6. ¿Cuál es el órgano de dirección en el Área de Salud en Extremadura?

a) La Gerencia.

b) El Consejo de Dirección.

c) El Consejo de Salud.

d) La Dirección de Recursos.

7. ¿Quién actuará como Vicepresidente del Consejo de Dirección del Área de Salud en Extremadura?

a) El Gerente del Área.

b) El Director de Salud de Área.

c) El Representante del Servicio Extremeño de Salud en el Área que sea elegido.

d) El representa de las Zonas de Salud que componen el Área del Servicio Extremeño de Salud que sea elegido.

8. ¿Quién se encargará en el Área de Salud del Servicio Extremeño de Salud de la gestión y ejecución de las directrices establecidas por el Consejo de Dirección de Área y por el Plan de Salud?

a) La Gerencia del Área.

b) La Dirección de Salud del Área.

c) La Subsecretaría de Salud que delegue la Consejería de Salud del Servicio Extremeño.

d) El Órgano Consultivo a tal fin.

9. ¿Quién nombrará al Director de Salud de Área en el Servicio Extremeño de Salud? Lo nombrará el titular de...

a) La Gerencia de Salud de Área.
b) La Consejería de Salud.
c) El Consejo de Salud de Área.
d) Ninguno de los anteriores.

10. ¿Qué entidad constituye una demarcación sanitaria única que engloba los diferentes núcleos poblacionales asignados a cada equipo de atención primaria?

a) Unidad de Salud.
b) Zona de Salud.
c) Municipio de Salud.
d) Centro base.

11. ¿Qué nombre recibirá el órgano colegiado de participación y coordinación entre las Corporaciones locales y el equipo de atención primaria en cada Zona de Salud?

a) Consejo de Salud de Zona.
b) Consejo de Salud de Área.
c) Consejo de Dirección de Zona.
d) Consejo de Dirección de Área.

12. ¿Qué actuaciones de las que se nombra no desarrollará el Sistema Sanitario Público de Extremadura, a través de las Administraciones Públicas en el ámbito de sus respectivas competencias?

a) De formación, docencia e investigación.
b) De salud laboral.
c) De salud pública y de asistencia sanitaria.
d) Desarrollará todas las anteriores.

13. ¿Con qué tipo de enfermos especialmente se llevara a cabo la atención socio-sanitaria dentro de las Actividades de asistencia sanitaria en coordinación con los servicios sociales?

a) Enfermos neurológicos.
b) Enfermos infecciosos.
c) Enfermos crónicos.
d) Enfermos agudos.

14. ¿A partir de qué número de población se dispondrán de un consultorio local? Superior a…

a) 50 habitantes.
b) 250 habitantes.
c) 500 habitantes.
d) 1000 habitantes.

15. ¿Dónde se prestará la atención secundaria o especializada en el Servicio Extremeño de Salud? Se prestará en…

a) Los Centros de Salud Especializados.
b) Exclusivamente en los hospitales.
c) En los hospitales, así como en otros centros extrahospitalarios de la red asistencial extremeña.
d) Los consultorios y centros de salud.

16. La División de Gerencia sólo existirá cuando las necesidades de la gestión así lo aconsejen y se apruebe por:

a) La División de Gestión y Servicios Generales.
b) La Secretaría General para Asuntos Técnicos-Sanitarios.
c) El Ministerio de Sanidad y Consumo.
d) El Ministerio de Administraciones Públicas.

17. ¿Cuál es el órgano unipersonal de dirección y gestión de cada División?

a) El Director Técnico General de la División.
b) El Director de la División.
c) El Gerente.
d) El Secretario.

18. ¿De quién dependen orgánica y funcionalmente los Directores de las Divisiones Médica, de Enfermería y de Gestión y de Servicios Generales?

a) Del Director Gerente.
b) Del Secretario General.
c) Del Director Médico del Área de Salud.
d) Del Subdirector Técnico General.

19. ¿A quién corresponde la representación del hospital y la superior autoridad y responsabilidad dentro del mismo?

a) Al Director Gerente.
b) Al Director Médico.
c) Al Director de Gestión y Personal.
d) Al Director de Enfermería.

20. ¿Cuál de las siguientes áreas de actividad no quedan adscritas a la Gerencia del hospital?

a) Control de gestión.
b) Admisión.
c) Recepción e información.
d) Estadística.

En MADTEST tienes **más preguntas de este tema, comentadas y argumentadas**, y todos tus avances quedan registrados y se reflejan en el ranking.

¡Supera tus límites con MADTEST!

Solución al test n.º 1

1. b) Los centros, servicios y establecimientos sanitarios privados, aunque no se adscriban al mismo por concierto o por convenio singular de vinculación.

2. c) Áreas de Salud.

3. d) Sus órganos de gobierno no deben potenciar la coordinación de los recursos sanitarios con los dispositivos de acción social, siendo Trabajo Social quien se encargaría exclusivamente de dicha responsabilidad.

4. b) A la Junta de Extremadura, oído el Consejo Extremeño de Salud.

5. b) Zonas de Salud.

6. b) El Consejo de Dirección.

7. b) El Director de Salud de Área.

8. a) La Gerencia del Área.

9. b) La Consejería de Salud.

10. b) Zona de Salud.

11. a) Consejo de Salud de Zona.

12. d) Desarrollará todas las anteriores.

13. c) Enfermos crónicos.

14. a) 50 habitantes.

15. c) En los hospitales, así como en otros centros extrahospitalarios de la red asistencial extremeña.

16. c) El Ministerio de Sanidad y Consumo.

17. b) El Director de la División.

18. a) Del Director Gerente.

19. a) Al Director Gerente.

20. d) Estadística.

Sistemas de Información Sanitaria en Extremadura. Papel de las tecnologías de la información en la comunicación entre profesionales sanitarios y pacientes

1. ¿Qué registros dentro del sistema de información sanitaria consideras interno?

a) La información proveniente de los servicios sociales personales.
b) La información proveniente de Índices y registros demográficos.
c) La información proveniente de Padrones municipales.
d) La información proveniente de Registros de ambulatorios y consultorios.

2. ¿Quién cumplimenta la hoja operatoria conocida como hoja de enfermería?

a) Enfermera responsable de planta.
b) Enfermera responsable de quirófano.
c) Enfermera responsable de urgencias.
d) Indiferentemente los indicados en las respuestas a) o b).

3. ¿Qué funciones, de estas, no cumple la historia clínica?

a) Investigadora y docente.
b) Asistencial y administrativa.
c) Jurídico-legal.
d) Moral.

4. Respecto al consentimiento informado como documento de la historia clínica, solo será exigible en la misma cuando:

a) Lo solicite el paciente o el representante legal.
b) Se trate de un proceso de hospitalización y lo solicite el médico.
c) Lo solicite el paciente (o el representante legal) y el médico.
d) Se trate de un proceso de hospitalización o así se disponga normativamente.

5. ¿Qué se entiende por la declaración escrita de un médico que dé fe del estado de salud de una persona en un determinado momento?

a) Documentación Sanitaria.
b) Certificado médico.
c) Consentimiento informado.
d) Historia Clínica.

6. Un centro sanitario es:

a) El conjunto organizado de profesionales que realizan actividades y prestan servicios para cuidar la salud de los pacientes y usuarios.
b) El conjunto organizado de profesionales exclusivamente sanitarios, de instalaciones y de medios técnicos que realizan actividades y prestan servicios para cuidar la salud de los pacientes y usuarios.
c) El conjunto organizado de profesionales, instalaciones y medios técnicos que realiza actividades y presta servicios para cuidar la salud de los pacientes y usuarios.
d) El conjunto organizado de instalaciones y medios técnicos necesarios para realizar actividades y prestar servicios para cuidar la salud de los pacientes y usuarios.

7. ¿Cuántos años como mínimo (contados desde la fecha del alta de cada proceso asistencial), los centros sanitarios tienen la obligación de conservar la documentación clínica en condiciones que garanticen su correcto mantenimiento y seguridad?

a) 2.
b) 5.
c) 10.
d) 25.

8. ¿A quién corresponde la custodia y gestión de Historias Clínicas en los Centros Hospitalarios?

a) A la Unidad de admisión y documentación clínica.
b) A la Unidad de enfermería y archivos clínicos.
c) A la Unidad de Atención e Información al usuario.
d) Al servicio de Salud Pública y Epidemiología.

9. ¿Cómo se denomina el conjunto de los documentos relativos a los procesos asistenciales de cada paciente, con la identificación de los médicos y de los demás profesionales que han intervenido en ellos, con objeto de obtener la máxima integración posible de la documentación clínica de cada paciente, al menos, en el ámbito de cada centro?

a) Historia Clínica.
b) Documentación Clínica.
c) CMBD.
d) Certificado de usuario/paciente.

10. ¿Cómo se denomina el lugar donde quedan almacenadas y ordenadas todas las Historias Clínicas de los pacientes que son atendidos por un centro sanitario?

a) Fichero.
b) Almacén.
c) Base de datos.
d) Archivo.

11. ¿Cuál es el objetivo principal de los Sistemas de Información Sanitaria en Extremadura?

a) Limitar el acceso a la información clínica.
b) Garantizar el acceso rápido y seguro a la información clínica de los pacientes.
c) Eliminar la comunicación entre niveles asistenciales.
d) Sustituir la atención médica presencial.

12. ¿Qué sistema utiliza Extremadura para la historia clínica electrónica?

a) DIRAYA.
b) OMI-AP.
c) JARA.
d) SALUD RESON.

13. ¿Cuál de los siguientes no es un beneficio de los Sistemas de Información Sanitaria?

a) Mayor accesibilidad a la información.
b) Reducción de errores médicos.
c) Aumento del tiempo de espera para consultas médicas.
d) Optimización del uso de recursos.

14. ¿Qué funcionalidad tiene la receta electrónica en Extremadura?

a) Elimina la necesidad de prescripciones médicas.
b) Impide la renovación de tratamientos crónicos.
c) Permite la prescripción y dispensación de medicamentos sin necesidad de papel.
d) Obliga a los pacientes a acudir físicamente a la consulta para obtener medicación.

15. ¿Qué herramienta permite a los ciudadanos de Extremadura gestionar sus citas médicas en línea?

a) Tarjeta Sanitaria Virtual.
b) JARA.
c) SES Salud Digital.
d) CSOnline Extremadura.

16. ¿Qué requisito es necesario para acceder a CSOnline Extremadura?

a) Un número de teléfono móvil.
b) Código de Identificación Personal (CIP) y fecha de nacimiento.
c) Una autorización del médico de cabecera.
d) Un correo electrónico registrado en el SES.

17. ¿Cuál es una de las principales ventajas de la Historia Clínica Electrónica (HCE)?

a) Permite la consulta médica sin necesidad de cita previa.
b) Centraliza la información del paciente y mejora la coordinación entre niveles asistenciales.
c) Reduce el número de visitas a los centros sanitarios eliminando la necesidad de consulta médica presencial.
d) Obliga a los pacientes a llevar su historial en formato físico.

18. El proyecto que nace en el Servicio Extremeño de Salud como solución de integración de la información y como una solución a la creación de una Historia Clínica Única e integrada por paciente, se denomina proyecto:

a) Amapola.
b) Jara.
c) Trajano.
d) Zurbarán.

19. La integración de la información en el proyecto Jara se realizó en base a los pilares:

a) Recursos Humanos.
b) Asistencial.
c) Económico-financiero.
d) Todas las opciones anteriores son correctas.

20. La profundidad y alcance de la reforma planteada en Jara, impacta en el ámbito:

a) El Ciudadano.
b) El Profesional.
c) La propia Comunidad de Extremadura.
d) Todas las opciones anteriores son correctas.

En MADTEST tienes **más preguntas de este tema, comentadas y argumentadas**, y todos tus avances quedan registrados y se reflejan en el ranking.

¡Supera tus límites con MADTEST!

Solución al test n.º 2

1. d) La información proveniente de Registros de ambulatorios y consultorios.

2. b) Enfermera responsable de quirófano.

3. d) Moral.

4. d) Se trate de un proceso de hospitalización o así se disponga normativamente.

5. b) Certificado médico.

6. c) El conjunto organizado de profesionales, instalaciones y medios técnicos que realiza actividades y presta servicios para cuidar la salud de los pacientes y usuarios.

7. b) 5.

8. a) A la Unidad de admisión y documentación clínica.

9. a) Historia Clínica.

10. d) Archivo.

11. b) Garantizar el acceso rápido y seguro a la información clínica de los pacientes.

12. c) JARA.

13. c) Aumento del tiempo de espera para consultas médicas.

14. c) Permite la prescripción y dispensación de medicamentos sin necesidad de papel.

15. d) CSOnline Extremadura.

16. b) Código de Identificación Personal (CIP) y fecha de nacimiento.

17. b) Centraliza la información del paciente y mejora la coordinación entre niveles asistenciales.

18. b) Jara.

19. d) Todas las opciones anteriores son correctas.

20. d) Todas las opciones anteriores son correctas.

TEST N.º 3

Bioética. Principios básicos. Confidencialidad, secreto profesional, consentimiento informado. Toma de decisiones compartida. Expresión anticipada de voluntades de Extremadura. Ley 3/2005, de 8 de julio, de información sanitaria y autonomía del paciente

1. ¿A qué se refiere cualquier circunstancia, dicho o hecho que perjudica a una persona en sus intereses, derechos o reputación respecto a terceros?

a) Difamación.
b) Calumnia.
c) Asalto.
d) Agravio.

2. ¿Cuál de estos no es un componente básico de los 8 que cita Mayeroff a desarrollar para disponer de la capacidad de cuidar?

a) Confianza.
b) Prudencia.
c) Paciencia.
d) Honestidad y humildad.

3. ¿Cuál sería, entre los pasos a seguir para la toma de decisiones éticas, el último a efectuar en la práctica clínica?

a) Principios.
b) Resolución del problema.
c) Descripción de problemas.
d) Decisiones a tomar.

4. ¿A qué nos referimos con un conjunto sistemático de principios que motivan y guían las acciones éticas?

a) A un modelo para la toma ética de decisiones.
b) Al propio juicio de cada sujeto, sea este profesional o no.

c) A un paradigma moral.

d) A un axioma ético.

5. ¿Qué ética supone la comprensión de lo que define a una profesión y sus funciones, establecer si esta profesión constituye o no nuestro absoluto profesional?

a) Ética personal.

b) Ética social.

c) Ética profesional.

d) Del profesional de enfermería.

6. ¿Qué profesionales sanitarios, dentro del equipo asistencial, son los que mantienen frecuentemente una relación más estrecha y continuada con el enfermo?

a) Enfermeros y TCAEs.

b) Médicos de Atención Primaria.

c) Técnicos Superiores Sanitarios.

d) Médicos de Atención Especializada.

7. ¿Qué forma de relación terapéutica del personal de enfermería es aquella en la que se desenvuelve situándose este en el papel del enfermo, para, desde esa situación, poder establecer una distancia y aportar salud en la medida de lo posible?

a) Relación abierta.

b) Relación simpática.

c) Relación cerrada.

d) Relación empática.

8. Está obligado a guardar secreto profesional:

a) El médico especialista.

b) El médico y el técnico especialista.

c) Todos los que intervengan en la acción sanitaria del paciente.

d) El médico, el técnico especialista, el enfermero y el TCAE.

9. El tiempo de vigencia del secreto profesional es hasta:

a) La duración de la relación con el paciente.

b) Toda la vida del paciente.

c) Los tres meses después de la relación con el paciente.

d) Incluso hasta después de la muerte del paciente.

10. ¿Qué condición es aquella que posee el secreto profesional del deber de guardar el hecho conocido cuando este pueda producir resultados nocivos o injustos sobre el paciente si se viola el mismo?

a) Condición moral.

b) Condición jurídica.

c) Condición legal.
d) Condición legítima.

11. ¿A quién obliga el secreto profesional a nivel de profesionales de la sanidad constituyentes de equipos o grupos de trabajo?

a) A los facultativos.
b) A los enfermeros.
c) A los auxiliares de enfermería.
d) A los profesionales integrantes del grupo de trabajo.

12. Cualquier menosprecio al secreto profesional será contrario a:

a) Los principios deontológicos de la práctica sanitaria.
b) Los principios éticos de la práctica sanitaria.
c) Los principios éticos y deontológicos de la práctica sanitaria.
d) Los principios éticos, deontológicos y legales de la práctica sanitaria.

13. La violación del secreto profesional puede ocasionar:

a) Exclusivamente responsabilidad civil.
b) Exclusivamente responsabilidad penal.
c) Responsabilidad civil y responsabilidad penal.
d) Responsabilidad profesional o estatutaria, responsabilidad civil y responsabilidad penal.

14. ¿Qué otro requisito de un contrato se requiere junto a los de la causa y el objeto del mismo?

a) Confidencialidad.
b) Protección de datos.
c) Consentimiento.
d) Son ciertas las respuestas a) y c).

15. ¿Quién puede otorgar el documento de Expresión Anticipada de Voluntades?

a) Cualquier persona mayor de edad.
b) Cualquier persona mayor de 15 años, que esté capacitado legalmente y actúe libremente.
c) Cualquier persona mayor de 16 años, que esté capacitado legalmente y actúe libremente.
d) Cualquier persona mayor de edad, que esté capacitado legalmente y actúe libremente.

16. ¿Ante cuántos testigos se puede formalizar el Documento de Expresión Anticipada de voluntades?

a) Ante uno, mayor de edad que actúe libremente.
b) Antes dos.

c) Ante tres.

d) Mínimo ante cuatro.

17. ¿Cuántos de los tres testigos necesarios para formalizar el Documento de Expresión Anticipada de voluntades, no deben tener relación de parentesco hasta el segundo grado ni estar vinculados por relación matrimonial, de hecho, o patrimonial con el otorgante?

a) Todos.

b) Dos de ellos, como mínimo.

c) Uno al menos.

d) Dos de ellos podrán tener relación de parentesco hasta el segundo grado pero no podrán estar vinculados por relación matrimonial, de hecho, o patrimonial con el otorgante.

18. ¿A quién va dirigido el Documento de Expresión Anticipada de voluntades, en el caso de no poder expresar el paciente personalmente su voluntad?

a) Al Notario.

b) A la persona titular de la Consejería de Salud.

c) A los familiares del paciente.

d) Al médico o equipo sanitario que asista al paciente.

19. El Registro de Expresión Anticipada de Voluntades de Extremadura depende de:

a) La Consejería de Sanidad y Políticas Sociales.

b) La Consejería de Hacienda y Administración Pública.

c) La Consejería de Educación y Empleo.

d) La Consejería de Economía e Infraestructuras.

20. Ante un documento de expresión anticipada de voluntades, los profesionales deberán:

a) Incorporarlo a la historia clínica.

b) Razonar por escrito en la historia clínica la decisión final que se adopte.

c) Aceptar dicho documento.

d) Todas las respuestas son correctas.

En MADTEST tienes **más preguntas de este tema, comentadas y argumentadas**, y todos tus avances quedan registrados y se reflejan en el ranking.

¡Supera tus límites con MADTEST!

Solución al test n.º 3

1. d) Agravio.

2. b) Prudencia.

3. b) Resolución del problema.

4. a) A un modelo para la toma ética de decisiones.

5. c) Ética profesional.

6. a) Enfermeros y TCAEs.

7. d) Relación empática.

8. c) Todos los que intervengan en la acción sanitaria del paciente.

9. d) Incluso hasta después de la muerte del paciente.

10. a) Condición moral.

11. d) A los profesionales integrantes del grupo de trabajo.

12. d) Los principios éticos, deontológicos y legales de la práctica sanitaria.

13. d) Responsabilidad profesional o estatutaria, responsabilidad civil y responsabilidad penal.

14. c) Consentimiento.

15. d) Cualquier persona mayor de edad, que esté capacitado legalmente y actúe libremente.

16. c) Ante tres.

17. b) Dos de ellos, como mínimo.

18. d) Al médico o equipo sanitario que asista al paciente.

19. a) La Consejería de Sanidad y Políticas Sociales.

20. d) Todas las respuestas son correctas.

TEST N.º 4

Comunicación. Concepto. Habilidades de comunicación. El proceso de comunicación, estilos de comunicación y relación. Factores y obstáculos en la comunicación sanitaria. Apoyo y ayuda al/a la paciente y familia. Trabajo en equipo

1. Al individuo que habla, gesticula, escribe, pinta, etc., en la comunicación, se le denomina:

a) Mensajero.
b) Fuente.
c) Receptor.
d) Destino.

2. ¿Cómo se denomina la comunicación en que se emite un mensaje por parte del emisor que llega al receptor, consiguiendo que este ejecute una tarea o una función?

a) Comunicación Horizontal.
b) Comunicación Diagonal.
c) Comunicación Vertical.
d) Comunicación Triangular.

3. ¿A qué se denomina el método que permite a una persona hacer comprensible a otra cualquier idea o hecho que se le quiere transmitir?

a) Comunicación.
b) Transmisión.
c) Explicación o charla.
d) Transferencia.

4. ¿Qué barrera del lenguaje se da por discapacidad física?

a) Neurosis.
b) Alteraciones de la memoria.

c) Ceguera.
d) Psicosis.

5. ¿Cuál es el objetivo en la relación interpersonal celador/paciente/familiar?

a) La salud.
b) La eficiencia profesional.
c) La ayuda.
d) La eficacia profesional.

6. ¿Qué término se aplica cuando en una relación interpersonal no se consigue lo que se esperaba?

a) Enojo.
b) Frustración.
c) Agresividad.
d) Deserción.

7. ¿En qué pilares ha de basarse la relación interpersonal?

a) Compromiso, objetivo común y desinterés.
b) Sinceridad, confianza y respeto.
c) Cooperación, dominación y aislamiento.
d) Confianza, creatividad, compromisos renovados y respeto mutuo.

8. ¿Cómo se denomina aquella habilidad personal que nos permite expresar sentimientos, opiniones y pensamientos, en el momento oportuno, de la forma adecuada, sin negar ni desconsiderar los derechos de los demás?

a) Compromiso.
b) Empatía.
c) Simpatía.
d) Asertividad.

9. El funcionamiento objetivo de un equipo de trabajo debe reunir todas estas características excepto:

a) Determinación del fin a obtener de modo transparente.
b) El fin a obtener debe ser conocido por todos sus miembros.
c) Descripción de soluciones mediante la utilización de las sugerencias y soluciones expuestas por los miembros.
d) Ejecución del objetivo, exclusivamente a través del líder o superior.

10. ¿Qué es falso de estas afirmaciones?

a) Un grupo de personas es siempre un equipo de trabajo.
b) Un equipo de trabajo está formado siempre por un grupo de personas.

c) Un equipo es un grupo de personas que se organiza para realizar una actividad con un objetivo preciso.

d) Grupo y equipo son dos conceptos diferentes.

11. ¿Qué se define como la integración de elementos que da como resultado algo más grande que la simple suma de estos?

a) Antagonismo.
b) Coordinación.
c) Indiferencia.
d) Sinergia.

12. El compromiso en un trabajo en equipo es:

a) Cuando cada miembro asume voluntariamente el hecho de aportar lo mejor de sí mismo, para conseguir los objetivos del grupo y de la organización en general.
b) La necesidad de poder coordinar las distintas actuaciones individuales.
c) La interdependencia positiva entre las personas participantes en un equipo.
d) Todo lo anterior es falso.

13. ¿Cuál es la cifra recomendada en cuanto a número de miembros en los equipos de salud?

a) De aproximadamente 5.
b) De aproximadamente 10.
c) De aproximadamente 15.
d) De aproximadamente 20.

14. ¿En qué etapa de la puesta en marcha de un equipo de trabajo se superan generalmente los enfrentamientos personales y el proyecto comienza a salir adelante?

a) En la etapa de inicio.
b) En la etapa de madurez.
c) En la etapa de acoplamiento.
d) En la etapa de primeras dificultades.

15. ¿Qué rol de estos consideras que es funcional de producción en un equipo de trabajo?

a) El crítico.
b) El iniciador.
c) El pícaro.
d) El negativo.

16. ¿Cómo se denomina a aquel sujeto *con capacidad para formar, orientar y dar criterio a un determinado grupo de auxiliares, en una institución sanitaria*?

a) Líder.
b) Intelectual.
c) Asertivo.
d) Prolíder.

17. ¿Qué función de un líder de un grupo multidisciplinario no es adecuada?

a) Hacer que marche y funcione sin más la organización.
b) Ordenar y controlar los conflictos internos.
c) Imbuir el espíritu del grupo.
d) Definir la misión y el papel del grupo.

18. ¿Qué estilo de comunicación favorece la cooperación y evita la confrontación?

a) Comunicación agresiva.
b) Comunicación pasiva.
c) Comunicación asertiva.
d) Comunicación manipulativa.

19. En el proceso de comunicación, ¿cuál es el principal obstáculo cuando el técnico utiliza un lenguaje que el paciente no puede descodificar?

a) Terminología científica.
b) Expresión no verbal.
c) Flujo de información excesivo.
d) Interferencias psicológicas.

20. ¿Cuál de los siguientes no es un componente de la actitud según la psicología social?

a) Componente cognoscitivo.
b) Componente afectivo.
c) Componente motivacional.
d) Componente conductual.

En MADTEST tienes **más preguntas de este tema, comentadas y argumentadas**, y todos tus avances quedan registrados y se reflejan en el ranking.

¡Supera tus límites con MADTEST!

Solución al test n.º 4

1. b) Fuente.

2. a) Comunicación Horizontal.

3. c) Explicación o charla.

4. c) Ceguera.

5. c) La ayuda.

6. b) Frustración.

7. b) Sinceridad, confianza y respeto.

8. d) Asertividad.

9. d) Ejecución del objetivo, exclusivamente a través del líder o superior.

10. a) Un grupo de personas es siempre un equipo de trabajo.

11. d) Sinergia.

12. a) Cuando cada miembro asume voluntariamente el hecho de aportar lo mejor de sí mismo, para conseguir los objetivos del grupo y de la organización en general.

13. b) De aproximadamente 10.

14. c) En la etapa de acoplamiento.

15. b) El iniciador.

16. a) Líder.

17. a) Hacer que marche y funcione sin más la organización.

18. c) Comunicación asertiva.

19. a) Terminología científica.

20. c) Componente motivacional.

TEST N.º 5

Educación para la salud. Fomento del autocuidado y promoción de la salud. Atención a la Comunidad. Participación e Intervención Comunitaria. Estrategia de salud comunitaria de Extremadura: definición de términos, introducción, justificación, objetivos, marco teórico, acciones comunitarias, estructura organizativa y evaluación

1. ¿A cuál de estos profesionales no consideras un agente de la EPS?

a) Trabajadores Sociales.
b) Maestros.
c) Abogados.
d) Farmacéuticos.

2. ¿Cuál es el primer eslabón social para llevar a cabo la práctica de la Educación para la Salud con el fin de mejorar los indicadores de salud en la Comunidad?

a) La familia.
b) Los servicios de salud.
c) La escuela.
d) La empresa.

3. ¿De quién es competencia la Educación para la Salud en nuestro país a nivel de empresa?

a) Del médico y enfermero de Atención Primaria.
b) De los Servicios Médicos de Empresa y de los Institutos de Seguridad e Higiene en el Trabajo.
c) De los Servicios Médicos de Empresa y del médico y enfermero de Atención Primaria.
d) Del médico y enfermero de Atención Especializada.

4. ¿Cuántos criterios a tener en cuenta estableció Barlett para realizar Educación para la Salud en enfermos?

a) 5.
b) 6.

c) 7.
d) 8.

5. ¿A qué nivel de prevención se corresponden las acciones dirigidas a informar y motivar a los ciudadanos para que abandonen los estilos de vida insanos?

a) Primario.
b) Secundario.
c) Terciario.
d) Cuaternario.

6. ¿Qué es falso de los métodos directivos en la Educación para la Salud?

a) El cambio de conducta hacia un mal hábito suele ser permanente.
b) Se apoyan en la autoridad de quien imparte la EPS.
c) El objetivo con estos métodos no suele alcanzarse.
d) Se intenta incluir conocimientos en la persona para que su comportamiento se modifique de forma permanente.

7. Los métodos y medios de Educación para la Salud se fijarán en función de:

a) El receptor, el coste económico de personal que imparte y el tiempo.
b) El coste económico de personal y tiempo que se lleva a cabo.
c) El contenido, el receptor y el coste económico de personal y tiempo.
d) Exclusivamente del receptor que sufre el efecto de la EPS.

8. ¿Qué método de Educación para la Salud es indirecto?

a) Proyección de vídeo.
b) Entrevista.
c) Charla.
d) Clase.

9. ¿A qué se denomina la capacidad del entrevistador para entender los problemas y sentimientos del paciente?

a) Empatía.
b) Simpatía.
c) Amabilidad.
d) Asertividad.

10. ¿A qué nos referimos con la capacidad del entrevistador para dejar hablar y para escuchar?

a) Asertividad.
b) Reactividad.

c) Simpatía.
d) Retroalimentación.

11. ¿Cuál de estos no es un órgano de participación comunitaria en salud en Extremadura?

a) Consejo Regional de Pacientes.
b) Comisiones Comunitarias de Salud.
c) Consejo extremeño de Salud.
d) Consejo de ciudadanos extremeños.

12. ¿Qué normativa crea el Consejo Regional de Pacientes en Extremadura?

a) Decreto 61/2019.
b) Decreto 10/2018.
c) Decreto 58/2014.
d) Decreto 33/2012.

13. ¿A qué Consejería de la Junta de Extremadura se adscribe el Consejo Regional de Pacientes? Se adscribe a la Consejería de...

a) Salud y Política Social.
b) Industria e Innovación.
c) Interior y Diálogo Social.
d) Desarrollo Sostenible.

14. ¿Cuántas Vicepresidencias posee el Consejo Regional de Pacientes en la Junta de Extremadura? Posee...

a) Una Vicepresidencia.
b) Dos Vicepresidencias.
c) Tres Vicepresidencias.
d) No posee Vicepresidencia.

15. ¿Qué normativa en Extremadura regula las Comisiones Comunitarias de Salud?

a) Decreto 61/2019.
b) Decreto 10/2018.
c) Decreto 58/2014.
d) Decreto 33/2012.

16. ¿Qué órganos o estructuras son básicas para desarrollar la salud comunitaria en los equipos de atención primaria en Extremadura?

a) Los Consejos de Salud de Área.
b) Los Consejos de ciudadanos extremeños.

c) Los Consejos de Salud de Zona.
d) Las Comisiones Comunitarias de Salud.

17. ¿Cuál es el objetivo de las Comisiones Comunitarias de Salud delo Servicio Extremeño de Salud?

a) Fomentar la participación comunitaria en materia de salud.
b) Fomentar la prevención de enfermedades.
c) Fomentar la promoción de la salud.
d) Fomentar la promoción de la salud, la prevención de enfermedades y la participación comunitaria.

18. ¿Con quiénes se coordinarán prioritariamente las Comisiones Comunitarias de Salud en Extremadura? Se coordinarán prioritariamente con…

a) El titular competente de la Consejería de Sanidad y Políticas Sociales.
b) Los/las profesionales de los equipos de Atención Primaria.
c) Los/las profesionales de los equipos de Atención Especializada.
d) Son ciertas b y c.

19. ¿Cuál de estas no es una función de las Comisiones Comunitarias de Salud en Extremadura?

a) Participar en la realización del Diagnóstico de Salud Comunitario y en el desarrollo de la programación derivada del mismo en colaboración con el Equipo de Atención Primaria.
b) Promover y colaborar en la identificación de activos en salud en su ámbito territorial.
c) Favorecer la implicación del conjunto de actores locales en el proceso de mejora y sostenibilidad del Sistema Sanitario Público en Atención Secundaria o Especializada.
d) Ninguna de las anteriores.

20. ¿Cada cuánto tiempo las Comisiones Comunitarias de Salud en Extremadura deben elaborar una memoria de actividades?

a) Mensualmente.
b) Trimestralmente.
c) Anualmente.
d) Bianualmente.

En MADTEST tienes **más preguntas de este tema, comentadas y argumentadas**, y todos tus avances quedan registrados y se reflejan en el ranking.

¡Supera tus límites con MADTEST!

Solución al test n.º 5

1. c) Abogados.

2. a) La familia.

3. b) De los Servicios Médicos de Empresa y de los Institutos de Seguridad e Higiene en el Trabajo.

4. d) 8.

5. a) Primario.

6. a) El cambio de conducta hacia un mal hábito suele ser permanente.

7. c) El contenido, el receptor y el coste económico de personal y tiempo.

8. a) Proyección de vídeo.

9. a) Empatía.

10. b) Reactividad.

11. d) Consejo de ciudadanos extremeños.

12. c) Decreto 58/2014.

13. a) Salud y Política Social.

14. b) Dos Vicepresidencias.

15. a) Decreto 61/2019.

16. d) Las Comisiones Comunitarias de Salud.

17. d) Fomentar la promoción de la salud, la prevención de enfermedades y la participación comunitaria.

18. b) Los/las profesionales de los equipos de Atención Primaria.

19. c) Favorecer la implicación del conjunto de actores locales en el proceso de mejora y sostenibilidad del Sistema Sanitario Público en Atención Secundaria o Especializada.

20. c) Anualmente.

Actividades del/de la técnico/a en cuidados auxiliares de enfermería en las instituciones sanitarias: atención primaria y hospitalaria. Coordinación entre niveles asistenciales y continuidad de cuidados

1. Cuando en un sistema de atención a la salud hablamos de Atención Secundaria hacemos referencia:

a) Al nivel más básico y elemental del sistema.
b) A un nivel no básico sino especializado.
c) A un nivel superespecializado del sistema.
d) Ninguna respuesta es correcta.

2. Señale la respuesta incorrecta respecto al concepto de Atención Primaria:

a) Constituye el primer nivel de acceso ordinario de la población al Sistema Sanitario Público, y se caracteriza por prestar atención integral a la salud.
b) En los servicios de Atención Primaria el usuario halla respuesta a sus problemas más habituales de salud y enfermedad, y solo cuando el diagnóstico y tratamiento lo requieran y ya no pueda ser atendido con los medios de ese primer nivel, será derivado a la Atención Especializada.
c) La Atención Primaria se desarrolla al principio de la década de los sesenta, como una reacción en contra del sistema sanitario básicamente hospitalario y curativo, especializado, costoso, tecnificado, y alejado del individuo.
d) En los servicios de Atención Primaria el usuario halla respuesta a sus problemas más habituales de salud y enfermedad, y solo cuando el diagnóstico y tratamiento lo requieran y ya no pueda ser atendido con los medios de ese primer nivel, será derivado a la Atención Especializada.

3. ¿Dónde se realizó la Conferencia Internacional sobre Atención Primaria de Salud en la que se definió en su punto VI lo que debe entenderse por Atención Primaria?

a) En Boston.
b) En Berlín.

c) En Kiev.

d) En Alma-Ata.

4. ¿En qué fecha se hizo pública en Alma-Ata, capital de Kazajstán, antigua República Soviética, la Conferencia Internacional sobre Atención Primaria de Salud?

a) El 12 de septiembre de 1978.

b) El 15 de octubre de 1978.

c) El 19 de noviembre de 1978.

d) El 2 de enero de 1980.

5. Una de las características de la Atención Primaria de Salud:

a) Los Ambulatorios y los Consultorios han venido a sustituir a los Centros de Salud.

b) Se han instaurado nuevos horarios y régimen de personal, ya no es necesaria una dedicación exclusiva al sistema sanitario público por parte de los profesionales.

c) Surge una nueva sectorización del territorio, desaparecen las Zonas Básicas de Salud.

d) Se crean nuevos profesionales que se incorporan, tales como los Trabajadores Sociales, Odontólogos, Farmacéuticos y Veterinarios y los Técnicos de Salud Pública.

6. Señale cuál de las siguientes no es una de las características de la Atención Primaria de Salud:

a) Se establecen nuevos servicios como la cita previa programada, Historia Clínica familiar e individual, Consultas de Enfermería, Consultas del «niño sano», Servicios de Información al Usuario, etc.

b) Surge una nueva concepción de la asistencia sanitaria, individual y colectiva, en la que no sólo se curan individuos enfermos sino que se promociona la salud y se educan individuos sanos.

c) Desaparecen antiguas áreas asistenciales tales como Salud laboral, Salud Mental, Asistencia social, Enfermos crónicos, etc.

d) Se crea una nueva sectorización del territorio, las Zonas Básicas de Salud.

7. Uno de los objetivos de la Atención Primaria de Salud es:

a) La promoción de la salud, prevención de la enfermedad y asistencia curativa.

b) La educación sanitaria de la población.

c) La planificación, organización y dirección y evaluación de los servicios sanitarios.

d) Todas las respuestas son correctas.

8. Uno de los objetivos de la Atención Primaria de Salud es:

a) La integración de la actividad sanitaria asistencial y la preventiva.

b) La elevación del nivel de calidad del sistema de salud, y del grado de satisfacción de usuarios y profesionales.

c) El diagnóstico continuado de la salud de la Zona.

d) Todas las respuestas son correctas.

9. ¿En qué se diferencia la Atención Especializada de la Atención Primaria?

a) En que la Atención Especializada se presta en régimen ambulatorio y la Atención Primaria no.

b) En que la Atención Especializada se presta en régimen de urgencias y la Atención Primaria no.

c) En que solo la Atención Especializada ofrece la asistencia en régimen de internamiento.

d) Todas las respuestas son correctas.

10. ¿Cuál es la estructura física fundamental de la Atención Especializada?

a) El Centro de Salud.

b) El Ambulatorio.

c) El Consultorio.

d) El Hospital.

11. ¿Cuál de las siguientes funciones NO corresponde al personal TCAE según el Decreto 47/2023?

a) Colaborar en la promoción de la salud y prevención de enfermedades.

b) Recoger y registrar datos clínicos y somatométricos según protocolo.

c) Realizar diagnósticos médicos y prescribir tratamientos.

d) Participar en la educación sanitaria en higiene y aseo personal.

12. ¿Qué función desempeña el TCAE en relación con el material instrumental y sanitario?

a) Se encarga exclusivamente de la esterilización del material.

b) Realiza la limpieza, esterilización y preparación del material sanitario.

c) No tiene responsabilidades sobre el material sanitario.

d) Solo revisa el material sin intervenir en su limpieza.

13. ¿Cómo colabora el TCAE en la gestión de la medicación en los centros de salud?

a) Administra medicación sin supervisión.

b) Solo transporta la medicación dentro del centro.

c) Colabora en la colocación, revisión, conservación y reposición de medicación, incluyendo vacunas, bajo supervisión del farmacéutico.

d) No tiene relación con la medicación.

14. ¿En qué ámbito puede el TCAE proporcionar apoyo psicológico a los pacientes?

a) En la realización de diagnósticos psicológicos.
b) En la aplicación de técnicas básicas de apoyo psicológico y educación sanitaria.
c) En la prescripción de tratamientos psicológicos.
d) En la terapia psicológica individualizada.

15. ¿Cuál es uno de los principales objetivos de la coordinación entre niveles asistenciales?

a) Reducir la carga de trabajo de los hospitales.
b) Garantizar la continuidad de los cuidados entre Atención Primaria y Especializada.
c) Aumentar la demanda de consultas externas.
d) Eliminar la atención domiciliaria.

16. ¿Qué mecanismo de coordinación se basa en la comunicación informal entre profesionales de distintos niveles asistenciales?

a) Supervisión directa.
b) Estandarización de procesos.
c) Ajuste mutuo.
d) Centralización de decisiones.

17. ¿Qué documento formaliza los acuerdos de coordinación entre niveles asistenciales?

a) Manual de Procedimientos.
b) Protocolo de Atención al Paciente.
c) Contrato de Trabajo.
d) Contrato Programa.

18. ¿Cuál de los siguientes factores es un problema en la coordinación entre niveles asistenciales?

a) Uso de protocolos de atención conjunta.
b) Participación activa del paciente en su tratamiento.
c) Formación continuada de los profesionales.
d) Existencia de modelos asistenciales diferentes dentro del sistema sanitario.

19. ¿Cuál de las siguientes estrategias favorece la continuidad asistencial?

a) Atención segmentada y aislada por nivel asistencial.
b) Restricción de información entre profesionales de distintos niveles.
c) Uso de sistemas estandarizados para el registro de información clínica.
d) Limitación del acceso del paciente a la información sobre su salud.

20. ¿Qué objetivo tiene el Plan Interniveles en la coordinación asistencial?

a) Centralizar todas las consultas en Atención Primaria.
b) Eliminar la necesidad de informes médicos entre niveles asistenciales.
c) Mejorar la comunicación entre Atención Primaria y Especializada.
d) Reducir la atención hospitalaria en su totalidad.

En MADTEST tienes **más preguntas de este tema, comentadas y argumentadas**, y todos tus avances quedan registrados y se reflejan en el ranking.

¡Supera tus límites con MADTEST!

Solución al test n.º 6

1. b) A un nivel no básico sino especializado.

2. c) La Atención Primaria se desarrolla al principio de la década de los sesenta, como una reacción en contra del sistema sanitario básicamente hospitalario y curativo, especializado, costoso, tecnificado, y alejado del individuo.

3. d) En Alma-Ata.

4. a) El 12 de septiembre de 1978.

5. d) Se crean nuevos profesionales que se incorporan, tales como los Trabajadores Sociales, Odontólogos, Farmacéuticos y Veterinarios y los Técnicos de Salud Pública.

6. c) Desaparecen antiguas áreas asistenciales tales como Salud laboral, Salud Mental, Asistencia social, Enfermos crónicos, etc.

7. d) Todas las respuestas son correctas.

8. d) Todas las respuestas son correctas.

9. c) En que sólo la Atención Especializada ofrece la asistencia en régimen de internamiento.

10. d) El Hospital.

11. c) Realizar diagnósticos médicos y prescribir tratamientos.

12. b) Realiza la limpieza, esterilización y preparación del material sanitario.

13. c) Colabora en la colocación, revisión, conservación y reposición de medicación, incluyendo vacunas, bajo supervisión del farmacéutico.

14. b) En la aplicación de técnicas básicas de apoyo psicológico y educación sanitaria.

15. b) Garantizar la continuidad de los cuidados entre Atención Primaria y Especializada.

16. c) Ajuste mutuo.

17. d) Contrato Programa.

18. d) Existencia de modelos asistenciales diferentes dentro del sistema sanitario.

19. c) Uso de sistemas estandarizados para el registro de información clínica.

20. c) Mejorar la comunicación entre Atención Primaria y Especializada.

TEST N.º 7

El hospital y los problemas psicosociales y de adaptación del paciente hospitalizado. Cuidados, necesidades básicas y autocuidados

1. ¿Cuál es una de las responsabilidades más importantes del personal de enfermería en el marco de los cuidados psicosociales con el paciente?

a) Prevenir secuelas.
b) Evitar que sufra una situación de indefensión que le hace sentirse desvalido.
c) Ayudar al paciente a hacer fructificar el capital-tiempo.
d) Hacer menos despersonalizado el trato o relación interpersonal.

2. ¿Cómo la enfermería podría ayudar al paciente a estructurar su tiempo?

a) Comprendiendo la necesidad de un cierto recogimiento sobre sí mismo, o del uso de «juegos interpersonales» en las relaciones con los demás.
b) Facilitándole los pasatiempos, las diversiones; promoviendo las ocasiones de crear y recrearse, las de relación con otros pacientes, familiares y amigos o, también, entre pacientes y miembros del equipo de enfermería.
c) Favoreciendo las actividades y la comunicación, ayudándole a la curación, a adaptarse a la enfermedad y al aprendizaje de nuevos comportamientos.
d) Podría ayudarlos de todas las maneras anteriormente expresadas.

3. ¿En qué consistirá fundamentalmente el rol de la enfermera en un niño o/y adolescente en estructurar su tiempo, a pesar de la enfermedad en pleno desarrollo físico emocional e intelectual si se encuentra hospitalizado o inmovilizado por la enfermedad? Fundamentalmente consistirá en...

a) Fomentar la creación y el aprendizaje de nuevos comportamientos.
b) Favorecer el desarrollo personal y la comunicación.
c) Favorecer este desarrollo, para que no se detenga su crecimiento.
d) Fomentar la diversión, y la facilitación de la intimidad.

4. ¿En qué consistirá fundamentalmente el rol de la enfermera en un anciano como ayuda en estructurar su tiempo, si éste se encuentra hospitalizado o inmovilizado por la enfermedad? Fundamentalmente consistirá en...

a) El mantenimiento de las funciones en su nivel más elevado facilitando el aprendizaje de la superación.
b) Favorecer este desarrollo, para que no se detenga su crecimiento.
c) Favorecer el desarrollo personal y la comunicación.
d) Nada de lo anterior es cierto.

5. ¿Qué cambios emocionales no se dan generalmente en pacientes que van a ser hospitalizados y sometidos a una serie de chequeos médicos para determinar el tipo de enfermedad que sufren y el tiempo de permanencia en el centro?

a) Agresión.
b) Temor o miedo.
c) Estrés con o sin depresión.
d) Confianza.

6. ¿Qué es deseable y debe hacer el personal de enfermería inmediatamente una vez valorada la necesidad del enfermo, ante los problemas habituales de adaptación del paciente en el hospital?

a) Realizarle las curas necesarias.
b) Cubrir sus necesidades básicas.
c) Explicar a éste o a su familia (o ambos) la finalidad de la intervención enfermera.
d) Crear un ambiente de confort aunque este sea dificil.

7. ¿De qué factores puede depender la respuesta del paciente, ante los problemas habituales de adaptación del paciente en el hospital? Puede depender de...

a) El sexo, la raza y la religión del enfermo.
b) La gravedad de la situación por la que llega al ingreso hospitalario, y del tipo de enfermedad que padece (crónica o aguda).
c) La edad del paciente, del nivel cultural, del estatus socioeconómico y del tipo de medio del que procede (rural/urbano).
d) Puede depender de todos los anteriores.

8. ¿Qué mecanismo mental de defensa para adaptación al medio hospitalario es aquel que lleva a cabo el paciente por la que éste propone motivos socialmente aceptables de su conducta?

a) Racionalización.
b) Compensación.

c) Desplazamiento.
d) Identificación.

ss9. ¿Qué mecanismo mental frente a una potencial agresión es aquel que el paciente muestra como sentimientos agresivos que no se dirigen contra la persona u objeto ofensivo, sino a un sustituto?

a) Regresión.
b) Compensación.
c) Desplazamiento.
d) Negación.

10. ¿Qué mecanismo mental frente a una potencial agresión es aquel que el paciente muestra atribuyendo sus sentimientos o actitudes inaceptables a los demás?

a) Negación.
b) Proyección.
c) Regresión.
d) Compensación.

11. ¿Cuál es una de las causas principales que originan ansiedad en los que acuden a un hospital?

a) El ambiente existente en el hospital entre las personas.
b) El temor a lo desconocido.
c) El olor tan especial que existe a nivel hospitalario.
d) La bata de médicos y de personal sanitario.

12. ¿Qué aspecto de los que se exponen guarda directamente relación con el humor del paciente? Cuando este está…

a) Ansioso o relajado.
b) Triste o contento.
c) Hiperactivo o inactivo.
d) Confusión o claridad.

13. ¿Qué estado de humor presentará más frecuentemente los enfermos maníacos?

a) Eufóricos.
b) Abatidos.
c) Asténicos.
d) Muy tristes.

14. ¿Qué enfermos neuróticos ante el miedo a lo desconocido se muestra más relajado?

a) Depresivos.
b) Ansiosos.
c) Fóbicos.
d) Ninguno de los anteriores, ya que en todos los casos hay excesiva tensión.

15. ¿Qué se define como el estado de la mente en el que el paciente es incapaz de pensar claramente?

a) Neurosis.
b) Confusión.
c) Psicosis.
d) Psicopatía.

16. ¿Qué tipo de enfermos se comunica verbalmente presentando más frecuentemente ecolalia, monosílabos, mutismo, neologismos...? En pacientes...

a) Histéricos.
b) Depresivos.
c) Esquizofrénicos.
d) Maníacos.

17. ¿En qué patología el paciente sentirá un deseo imperioso de comer acompañado de un sentimiento de culpabilidad que le conducirá a provocarse el vómito?

a) Anorexia.
b) Bulimia.
c) Manía.
d) Depresión.

18. ¿En qué pacientes es muy frecuente observar una falta de interés por su estética e higiene?

a) Maníacos.
b) Fóbicos.
c) Obsesivos.
d) Deprimidos.

19. ¿Qué test es el que más frecuentemente se usa para valorar la capacidad intelectual en niños?

a) Escala de inteligencia de Wechsler- WISC.
b) Escala de inteligencia de Wechsler- WAIS.

c) Escala de inteligencia de Minnesota- WISC.
d) Escala de inteligencia de Minnesota- WAIS.

20. ¿Qué se define como la posibilidad o no de que un hecho ocurra?

a) Incertidumbre.
b) Impredecibilidad.
c) Novedad.
d) Ambigüedad.

En MADTEST tienes **más preguntas de este tema, comentadas y argumentadas**, y todos tus avances quedan registrados y se reflejan en el ranking.

¡Supera tus límites con MADTEST!

Solución al test n.º 7

1. c) Ayudar al paciente a hacer fructificar el capital-tiempo.

2. d) Podría ayudarlos de todas las maneras anteriormente expresadas.

3. c) Favorecer este desarrollo, para que no se detenga su crecimiento.

4. a) El mantenimiento de las funciones en su nivel más elevado facilitando el aprendizaje de la superación.

5. d) Confianza.

6. c) Explicar a éste o a su familia (o ambos) la finalidad de la intervención enfermera.

7. d) Puede depender de todos los anteriores.

8. a) Racionalización.

9. c) Desplazamiento.

10. b) Proyección.

11. b) El temor a lo desconocido.

12. b) Triste o contento.

13. a) Eufóricos.

14. c) Fóbicos.

15. b) Confusión.

16. c) Esquizofrénicos.

17. b) Bulimia.

18. d) Deprimidos.

19. a) Escala de inteligencia de Wechsler- WISC.

20. a) Incertidumbre.

**Cuidados básicos de las necesidades humanas
en las distintas etapas del ciclo vital: Lactante y escolar.
Adulto. Embarazo y lactancia. Envejecimiento**

1. Para el cribado del desarrollo psicomotor (DPM) en lactantes se utiliza:

a) Test de Denver.
b) Test de Haizea-Llevant.
c) Test de Barlow.
d) Las opciones a y b son correctas.

2. Las maniobras de Ortolani y Barlow están indicadas en:

a) Prevención de la displasia de cadera.
b) Prevención de la muerte súbita del lactante.
c) Detección precoz de la criptorquidia.
d) Cribado del desarrollo psicomotor.

3. El cribado de la fenilcetonuria se realiza en:

a) La infancia.
b) La adolescencia.
c) La lactancia.
d) El anciano.

4. Los problemas sociales en el anciano giran en torno a:

a) Precariedad económica.
b) Desvinculación de la familia.
c) Dificultades laborales.
d) Ninguna de las opciones anteriores es correcta.

5. Las intoxicaciones alcanzan su mayor incidencia en:

a) Lactantes.
b) Niños de cinco años.
c) Adolescentes.
d) Niños de dos años.

6. La mitad de las muertes producidas en la infancia temprana, son debidas a:

a) Caídas.
b) Accidentes de coche.
c) Ahogamiento.
d) Todas las respuestas anteriores son correctas.

7. La edad adecuada para enseñar al niño a nadar es:

a) Edad escolar.
b) Infancia temprana.
c) Edad preescolar.
d) Cualquier edad es válida.

8. Respecto a los factores de riesgo para la salud en la adolescencia, señale la opción incorrecta:

a) Los adolescentes tienden a participar de forma muy activa en las actividades físicas.
b) Es importante instruirlos sobre las patologías asociadas al hábito tabáquico.
c) Es muy recomendable mantener una vigilancia constante frente a la tendencia suicida.
d) Otra importante causa de muerte accidental en la adolescencia la constituyen las armas blancas.

9. Considerando las medidas preventivas en relación con la patología cardiovascular, los objetivos a alcanzar no incluyen:

a) Empleo de fármacos profilácticos si estuviesen indicados.
b) Modificación del estilo de vida.
c) Realización de un cribado de los familiares de segundo grado.
d) Modificación de los factores de riesgo.

10. ¿Cuál de estos niños puede considerarse recién nacido?

a) Si tiene tras parir su madre 27 días de vida.
b) Si tiene tras parir su madre 35 días de vida.
c) Si tiene tras parir su madre 250 días de vida.
d) Si tiene tras parir su madre 1 año de vida.

11. Son lactantes menores los niños hasta:

a) Los tres meses de vida.
b) Los seis meses de vida.
c) El año de vida.
d) Que deja de tomar leche materna o maternizada.

12. ¿Qué peso de neonato es normal (en g)?

a) Entre 1800 y 4500 g.
b) Entre 2500 y 4000 g.
c) Entre 2000 y 2400 g.
d) Entre 3500 y 4500 g.

13. Con la sigla PEG se entienden a aquellos neonatos:

a) Grandes para la edad gestacional.
b) Pequeños para la edad gestacional.
c) Prematuros para la edad gestacional.
d) Con bajo peso para la edad gestacional.

14. ¿Hasta qué porcentaje de su peso puede perder como máximo el neonato tras su nacimiento sin considerarse anómalo?

a) Hasta 5 %.
b) Hasta 10 %.
c) Hasta 30 %.
d) No puede perder peso.

15. La talla normal del recién nacido estará en torno a:

a) 40 cm.
b) 45 cm.
c) 50 cm.
d) 55 cm.

16. ¿Cuánto más o menos de estos valores son adecuados para un perímetro cefálico normal a los tres días de nacer?

a) 35 cm.
b) 40 cm.
c) 45 cm.
d) 50 cm.

17. ¿Hasta qué edad el perímetro torácico es menor que el craneal o cefálico?

a) Hasta los seis meses de vida.
b) Hasta los 12 meses de vida.
c) Hasta los 18 meses de vida.
d) Hasta los 24 meses de vida.

18. La fontanela mayor o anterior no se cierra hasta:

a) Los seis meses de vida.
b) Los nueve meses de vida.
c) Los tres meses de vida.
d) Los dieciocho meses de vida.

19. El unto sebáceo es:

a) Lanugo.
b) Vérnix caseoso.
c) Dermatosebo.
d) Problema seborreico que presenta el neonato.

20. El lanugo en el neonato es:

a) Una piel sebácea con vellos gruesos en determinados lugares.
b) Un vello fino que recubre la piel más frecuentemente en frente, mejillas, hombros y espalda.
c) Un vello de mayor grosor y más corto que protege al niño al nacer.
d) Capa sebácea de la piel del neonato.

21. La prueba denominada test de O´Sullivan, típico en gestación, cuando da positivo se realiza a la embarazada el test llamado:

a) Tolerancia al gluten.
b) Coombs.
c) Toxoplasmosis.
d) Tolerancia oral a la glucosa.

22. ¿En qué semanas de gestación se realizará la ecografía donde se hace un estudio detallado valorando el crecimiento fetal, y descartando un retraso en el crecimiento?

a) En las semanas 8-10.
b) En las semanas 12-16.
c) En las semanas 16-22.
d) En las semanas 32-34.

23. ¿Qué circunstancia no es muy probable que se dé por el embarazo?

a) Pirosis.
b) Diarreas.
c) Hemorroides.
d) Estreñimiento.

24. ¿Cuál es el consumo diario de proteínas recomendado en gestante?

a) 0,5 g por kg de peso.
b) 1 g por kg de peso.
c) 1,5 g por kg de peso.
d) 2,5 g por kg de peso.

25. ¿Cuánto se debe consumir aproximadamente de hierro en todo el embarazo (en mg)?

a) 300.
b) 500.
c) 800.
d) 2500.

26. ¿Qué factor de los que hay que tener en cuenta por el incremento de gerontes en la población es el que se traduce por un aumento de la frecuencia absoluta de enfermedades en el anciano?

a) Factor social.
b) Factor económico.
c) Factor terapéutico.
d) Factor epidemiológico.

27. ¿Qué edad en el anciano de las que se exponen está definida por el envejecimiento de sus órganos y tejidos?

a) Edad psíquica.
b) Edad fisiológica.
c) Edad cronológica.
d) Edad social.

28. La vejez propiamente dicha se denomina también:

a) Madurez precoz.
b) Decrepitud.
c) Madurez tardía.
d) Caquexia senil.

29. La senectud se caracteriza por:

a) Un marasmo senil.
b) La no persistencia de la vejez propiamente dicha.
c) La falta de alteraciones parenquimatosas y glandulares.
d) Nada de lo anterior.

30. ¿Cuántos ítems posee el Índice de Barthel?

a) 5.
b) 10.
c) 15.
d) 20.

En MADTEST tienes **más preguntas de este tema, comentadas y argumentadas**, y todos tus avances quedan registrados y se reflejan en el ranking.

¡Supera tus límites con MADTEST!

Solución al test n.º 8

1. d) Las opciones a y b son correctas.

2. a) Prevención de la displasia de cadera.

3. c) La lactancia.

4. b) Desvinculación de la familia.

5. d) Niños de dos años.

6. b) Accidentes de coche.

7. c) Edad preescolar.

8. d) Otra importante causa de muerte accidental en la adolescencia la constituyen las armas blancas.

9. c) Realización de un cribado de los familiares de segundo grado.

10. a) Si tiene tras parir su madre 27 días de vida.

11. c) El año de vida.

12. b) Entre 2500 y 4000 g.

13. b) Pequeños para la edad gestacional.

14. b) Hasta 10 %.

15. c) 50 cm.

16. a) 35 cm.

17. d) Hasta los 24 meses de vida.

18. d) Los dieciocho meses de vida.

19. b) Vérnix caseoso.

20. b) Un vello fino que recubre la piel más frecuentemente en frente, mejillas, hombros y espalda.

21. d) Tolerancia oral a la glucosa.

22. d) En las semanas 32-34.

23. b) Diarreas.

24. c) 1,5 g por kg de peso.

25. c) 800.

26. d) Factor epidemiológico.

27. b) Edad fisiológica.

28. c) Madurez tardía.

29. c) La falta de alteraciones parenquimatosas y glandulares.

30. b) 10.

TEST N.º 9

Atención al paciente encamado: posición anatómica y alineación corporal, higiene postural. Procedimientos de preparación de las camas. Cambios posturales. Técnicas de deambulación. Técnicas de transferencias. Medidas de prevención de riesgo de accidente para el paciente. Traslado de pacientes

1. El marco triangular de Balkan lo posee la cama:

a) Ortopédica de Judet.
b) Bouchat.
c) De levitación.
d) Electrocircular o de Striker.

2. El denominado potro se emplea para:

a) Encamar a quemados.
b) Exploración ginecológica.
c) Encamar a pacientes con UPP.
d) Encamar a enfermos con grandes traumatismos.

3. El armazón para el volteo Foster se emplea:

a) Para facilitar al paciente la respiración.
b) Para el cambio postural.
c) Evitar infecciones micóticas.
d) Para liberar de estrés al paciente.

4. ¿De qué otra cama es variante la cama libro?

a) De la cama de levitación.
b) De la cama de exploración o potro ginecológico.
c) De la cama articulada.
d) De la cama Striker.

5. La cama roto-rest se emplea en:

a) Prevención de infecciones en general.
b) Prevención de infecciones en quemados.
c) Inmovilización de pacientes.
d) Prevención de úlceras por presión (UPP).

6. ¿Qué material de estos no es necesario para realizar los cambios posturales del paciente?

a) Almohadas, cojines y ropa limpia.
b) Férulas y a veces protectores de protuberancia.
c) Jabón y antisépticos.
d) Son todos necesarios.

7. Los cambios posturales del enfermo encamado para prevenir la aparición de úlceras se efectuarán cada:

a) 2-3 horas.
b) 4-5 horas.
c) 6-8 horas.
d) 12 horas.

8. ¿Qué posición es de mucha utilidad en las embarazadas para evitar el "síndrome de hipotensión en decúbito supino" que se produce como consecuencia de la compresión del útero sobre la vena cava inferior?

a) Decúbito dorsal.
b) Decúbito lateral izquierdo o derecho.
c) Decúbito prono.
d) Decúbito ventral.

9. ¿Qué ángulo forma el paciente que se encuentra en la posición de Fowler semisentado, con la cabecera levantada y piernas ligeramente flexionadas?

a) 15º.
b) 30º.
c) 45º.
d) 60º.

10. La posición de seguridad, en la que se coloca a los enfermos inconscientes para facilitarles la eliminación de las secreciones y evitarles la broncoaspiración es:

a) La posición de Sims.
b) La posición de decúbito supino.
c) La posición de Fowler.
d) La posición de Trendelenburg.

11. El desarrollo de un programa de ejercicios encaminado a conseguir el restablecimiento de las funciones disminuidas por la enfermedad es:

a) Movilización.
b) Fisioterapia.
c) Masoterapia.
d) Nada de lo anterior.

12. ¿Qué causa física del inmovilismo es fisiológica?

a) La artrosis.
b) La osteoporosis.
c) La enfermedad de Parkinson.
d) Las producidas por el envejecimiento de las personas.

13. Considerando exclusivamente la fuerza, el ángulo de tracción óptimo para cualquier músculo es de:

a) 30 grados.
b) 45 grados.
c) 60 grados.
d) 90 grados.

14. Las úlceras por presión se evitan:

a) Con una sistemática de cambios posturales frecuentes.
b) La necesidad de una aplicación adecuada de buenas posiciones no es prioritaria.
c) Tomando todos los días la medicación recomendada.
d) Son ciertas las respuestas a) y c).

15. ¿Qué paso a seguir es incorrecto en el procedimiento para mover a un enfermo hacia el borde de la cama?

a) El auxiliar se ubicará en el lado de la cama hacia donde se moverá al enfermo.
b) Quitar toda la ropa de la cama, incluso la sábana encimera.
c) Colocar el brazo del paciente que se encuentre más cercano a nosotros a lo largo de su tórax.
d) Colocar un pie delante del otro y flexionar las rodillas.

16. ¿Qué es falso del procedimiento de ayudar a un enfermo a ponerse de pie desde la cama colocando previamente al mismo en posición de decúbito lateral?

a) Elevar el segmento superior de la cama hasta conseguir un ángulo comprendido entre 45 y 60º.
b) Nos colocamos en la posición opuesta a las caderas del paciente y pasamos nuestro brazo más cercano a los hombros del enfermo por debajo de ellos, mientras que el otro brazo lo colocamos sobre el muslo más lejano.

c) Girar hacia la pierna de detrás de forma que las piernas del paciente se columpien hacia adelante y nuestro peso cambie a la pierna de atrás y con ello logramos que el enfermo esté sentado en el borde de la cama.

d) El tipo de posicionamiento previo en decúbito lateral debe ser el contrario con el lado hacia el cual se va a levantar al paciente.

17. ¿Qué maniobra es la primera que hay que hacer si queremos transferir un enfermo de la cama a un sillón?

a) Colocar el sillón paralelo a la cama y a la altura de los pies.
b) Colocar al paciente en la orilla de la cama.
c) Sentar al paciente en la cama con las piernas por fuera.
d) Colocar el sillón paralelo al familiar del paciente.

18. ¿Qué pacientes requerirán de mayor atención del TCAE para cubrir sus necesidades básicas y para llevar a cabo con ellos posturas corregidas para evitar que se produzcan complicaciones? Enfermos…

a) No colaboradores.
b) Con traumatismo espinal con un aumento de la presión intracraneal.
c) Hemipléjicos.
d) Ninguno de los anteriores.

19. ¿Cuántos kg se aplican en la tracción esquelética para obtener el efecto terapéutico?

a) 3 a 6.
b) 4,5 a 8.
c) 7 a 12.
d) 10 a 20.

20. ¿Quién debe supervisar los sistemas y conexiones del respirador, así como los tubos y cánulas, para proceder de forma adecuada a la movilización de un paciente asistido por ventilación artificial?

a) Un celador.
b) Un Técnico en Cuidados Auxiliares de Enfermería.
c) Un diplomado en enfermería.
d) Puede supervisarlo cualquiera de los anteriores.

En MADTEST tienes **más preguntas de este tema, comentadas y argumentadas**, y todos tus avances quedan registrados y se reflejan en el ranking.

¡Supera tus límites con MADTEST!

Solución al test n.º 9

1. a) Ortopédica de Judet.

2. b) Exploración ginecológica.

3. b) Para el cambio postural.

4. c) De la cama articulada.

5. b) Prevención de infecciones en quemados.

6. c) Jabón y antisépticos.

7. a) 2-3 horas.

8. b) Decúbito lateral izquierdo o derecho.

9. c) 45°.

10. a) La posición de Sims.

11. a) Movilización.

12. d) Las producidas por el envejecimiento de las personas.

13. d) 90 grados.

14. a) Con una sistemática de cambios posturales frecuentes.

15. b) Quitar toda la ropa de la cama, incluso la sábana encimera.

16. d) El tipo de posicionamiento previo en decúbito lateral debe ser el contrario con el lado hacia el cual se va a levantar al paciente.

17. a) Colocar el sillón paralelo a la cama y a la altura de los pies.

18. c) Hemipléjicos.

19. c) 7 a 12.

20. c) Un diplomado en enfermería.

**Atención en la higiene del paciente. Concepto.
Higiene total y parcial. Técnicas de higiene del paciente encamado:
total y parcial. Técnica de baño asistido**

1. ¿Qué elemento o elementos anatómicos de estos no pertenece al sistema tegumentario?

a) Piel.
b) Pelos.
c) Uñas.
d) Cartílagos.

2. El tejido celular subcutáneo de la piel se denomina:

a) Dermis.
b) Hipodermis.
c) Epidermis.
d) Tejido de Malpighio.

3. ¿Dónde no hay glándulas sebáceas?

a) En axilas.
b) En plantas del pie y palmas de las manos.
c) En cuero cabelludo.
d) En cara.

4. ¿Cómo se denomina la parte de las uñas que se observa en sus zonas proximales en forma de zona blanquecina semicircular?

a) Cutícula.
b) Lúnula.
c) Bulbo.
d) Médula.

5. ¿Cómo se denomina la lesión primaria de la piel, elevada, circunscrita, infiltrada, producida por inflamación crónica y que deja cicatriz cuando resuelve?

a) Tubérculo.
b) Roncha.
c) Habón.
d) Vesícula.

6. ¿Qué lesión elemental primaria de la piel es aquella que se manifiesta sobreelevada y de contenido sólido, inferior a 1 cm de diámetro?

a) Pápula.
b) Mácula.
c) Púrpura.
d) Ampolla.

7. ¿Qué lesión secundaria y elemental de la piel es producida por desecación de exudados o sangre?

a) Pústula.
b) Escama.
c) Costra.
d) Liquenificación.

8. Una erosión en la piel se define como aquella lesión elemental que se manifiesta como:

a) Una pérdida superficial de la epidermis que cura sin cicatriz.
b) Una solución de continuidad que afecta a epidermis y dermis papilar.
c) Una pérdida de sustancia que afecta a epidermis, dermis y tejido subcutáneo.
d) Una pequeña elevación cutánea parecida a la ampolla pero contiene en su interior pus.

9. ¿Qué dermatosis es muy frecuente en adolescencia (hasta en el 80 %)?

a) Acné.
b) Psoriasis.
c) Vitíligo.
d) Forúnculos.

10. ¿Qué infección de la piel es vírica?

a) Psoriasis.
b) Herpes simple.
c) Forúnculo.
d) Escabiosis.

11. La denominada vulgarmente como "ladilla" la ocasiona:

a) *Pediculis humanus capitis*.
b) *Pediculis humanus corporis*.
c) *Phthirus pubis*.
d) *Pediculis scrotae*.

12. La escabiosis es otra denominación de:

a) La sarna.
b) La pediculosis.
c) La psoriasis.
d) El nevus cutáneo.

13. La afección de la piel conocida como "manchas vino de Oporto" se corresponde a:

a) Nevus azul.
b) Angiomas planos.
c) Angiomas cavernosos.
d) Nevus melanocítico congénito o adquirido.

14. ¿Qué es falso del melanoma?

a) Es un tumor maligno de la piel.
b) Se da más frecuentemente en sujetos de piel oscura o morena intensa, sin necesidad de exponerse al sol.
c) Es un melanoma con poca o nada de pigmentación es un factor de mal pronóstico.
d) Es más frecuentes en mujeres.

15. ¿Qué baño es aquel que, aun conservando la movilidad, el paciente no puede levantarse, por lo que él asume su higiene siendo auxiliado en caso necesario por la enfermera?

a) Baño completo en la cama.
b) Baño en la cama.
c) Baño parcial.
d) Baño kinestésico.

16. ¿Qué elementos o materiales necesarios para el aseo del paciente son de lavado?

a) Hule.
b) Manta de baño.
c) Esponjas y guantes.
d) Cuña.

17. El lavado de cabellos del paciente debe realizarse aproximadamente:

a) Todos los días.
b) Cada tres días.
c) Una vez a la semana.
d) Depende de la suciedad que este tenga.

18. ¿Cuál debe ser la temperatura del agua para el baño, si se realiza la técnica del baño completo en la cama?

a) 180 ºC.
b) 22-24 ºC.
c) 30-32 ºC.
d) 37-40 ºC.

19. ¿En qué posición debe colocarse al paciente para llevar a cabo la higiene del cabello?

a) En posición de Trendelenburg.
b) En posición de Roser o Proetz.
c) En posición de Morestín.
d) En posición de Sims.

20. ¿Qué zona de la uña indica la incógnita de la imagen?

a) Placa ungueal.
b) Lúnula.
c) Eponiquio.
d) Cutícula.

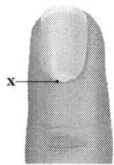

En MADTEST tienes **más preguntas de este tema, comentadas y argumentadas**, y todos tus avances quedan registrados y se reflejan en el ranking.

¡Supera tus límites con MADTEST!

Solución al test n.º 10

1. d) Cartílagos.

2. b) Hipodermis.

3. b) En plantas del pie y palmas de las manos.

4. b) Lúnula.

5. a) Tubérculo.

6. a) Pápula.

7. c) Costra.

8. a) Una pérdida superficial de la epidermis que cura sin cicatriz.

9. a) Acné.

10. b) Herpes simple.

11. c) *Phthirus pubis*.

12. a) La sarna.

13. b) Angiomas planos.

14. b) Se da más frecuentemente en sujetos de piel oscura o morena intensa, sin necesidad de exponerse al sol.

15. b) Baño en la cama.

16. c) Esponjas y guantes.

17. c) Una vez a la semana.

18. d) 37-40 ºC.

19. b) En posición de Roser o Proetz.

20. c) Eponiquio.

TEST N.º 11

**Úlceras por presión: concepto. Factores de riesgo.
Medidas de prevención. Movilización y cambios posturales**

1. ¿Qué es lo más importante de lo que se expone en relación con las úlceras por presión a nivel sanitario?

a) Su tratamiento.
b) Su diagnóstico.
c) Su prevención.
d) Conocer sus causas.

2. ¿En qué personas se dan más úlceras por presión?

a) En personas encamadas.
b) En personas con buena movilidad.
c) En personas bien nutridas.
d) Nada de lo anterior es cierto.

3. ¿Qué causa de estas es neurológica o nerviosa en la génesis de la úlcera por presión?

a) Parálisis.
b) Arteriosclerosis.
c) Alteraciones de la microcirculación.
d) Todo lo anterior es cierto.

4. ¿Cuáles son los planos duros que ejercen presión para que se dé la úlcera por presión?

a) El colchón o asiento sobre el que reposa el enfermo y por otro la superficie ósea del paciente.
b) Las sábanas o colchas empleadas y las manos de los cuidadores.
c) Las manos de los cuidadores y el colchón o asiento sobre el que reposa el enfermo.
d) Las manos de los cuidadores y la superficie ósea del paciente.

5. ¿Qué tipo de enfermo de estos puede tener la consciencia alterada y por ello ser más susceptible a padecer úlceras por presión?

a) Enfermos psiquiátricos sometidos a fuertes dosis de sedantes.
b) Enfermos incontinentes.
c) Enfermos con Síndrome de Cushing.
d) Ninguno de los anteriores.

6. Se padecerá de úlcera por presión cuando haya circunstancias favorables y se dé un apoyo cutáneo que sobrepase como mínimo:

a) Media hora.
b) Una hora.
c) Dos a tres horas.
d) Veinte horas.

7. En posición de sentado, la úlcera por presión aparecerá más frecuentemente en:

a) La tuberosidad isquiática.
b) La tuberosidad púbica.
c) Los acromiones.
d) Los olécranos.

8. ¿Cómo se denominan las úlceras por presión acaecidas por mecanismos de presión y roce derivados del uso de materiales empleados en un tratamiento?

a) Mecánicas.
b) Físicas.
c) Iatrogénicas.
d) Idiopáticas.

9. La aparición de úlcera iatrogénica en muñecas y pies, suele ser por:

a) Agresiones indebidas del sanitario.
b) Sujeciones mecánicas.
c) Autolesiones.
d) No se producen.

10. ¿En qué estadio está una úlcera por presión (según la *Agency for Health Care and Research*) cuando aparece un eritema que no cede al retirar el estímulo de presión en piel intacta?

a) Estadio I.
b) Estadio II.
c) Estadio III.
d) Estadio IV.

11. ¿Cómo se denomina la última fase de formación de la úlcera de presión o forma más evolucionada?

a) Fase final de exitus.
b) Fase escoriativa.
c) Fase eritematosa.
d) Fase necrótica.

12. ¿Qué estadio es la preúlcera según la clasificación del *Grupo Nacional para el Estudio y Asesoramiento sobre las Úlceras por Presión y el Grupo Europeo de Úlceras por Presión*?

a) Estadio 0.
b) Estadio 1.
c) Estadio a.
d) Estadio A.

13. ¿Cuántos parámetros se valoran en la Escala de Norton?

a) 3.
b) 4.
c) 5.
d) 6.

14. Si la incontinencia del paciente es urinaria y fecal, en ese parámetro de la Escala de Norton obtendría una puntuación de:

a) 4.
b) 3.
c) 2.
d) 1.

15. ¿Qué puntuación presentaría un paciente (Escala de Norton) con úlcera por presión que presenta un estado físico general regular, una actividad disminuida, sin incontinencia, y está sentado y confuso?

a) 24.
b) 20.
c) 13.
d) 9.

16. ¿Qué factor o factores de riegos se miden en la Escala de Braden en pacientes con úlceras por presión?

a) Percepción sensorial (capacidad para reaccionar ante una molestia relacionada con la presión).
b) Estado físico.
c) Estado mental.
d) Incontinencia.

17. ¿Cuántos parámetros se valoran en la Escala de Braden?

a) 3.
b) 4.
c) 5.
d) 6.

18. ¿Cuál es la base para la prevención y el tratamiento de las úlceras por presión?

a) Sequedad de la cama y sus útiles.
b) Sequedad de la piel del paciente y adecuada nutrición de la misma.
c) Una planificación de los cuidados de enfermería basada en la continuidad sistemática de los mismos.
d) Son ciertas las respuestas a) y b).

19. ¿Cada cuánto tiempo deben realizarse los cambios de posición en pacientes con riesgos a úlceras por presión?

a) Cada 2-3 horas.
b) Cada 4-6 horas.
c) Cada 6-8 horas.
d) Cada 12 horas.

20. ¿Cuándo no está contraindicado el masaje en la UPP?

a) Nunca está contraindicado, es aconsejable.
b) Siempre está contraindicado, está prohibido ya que la agrava.
c) Cuando no agrava la preúlcera.
d) Si la zona aún no tiene enrojecimiento (eritema).

En MADTEST tienes **más preguntas de este tema, comentadas y argumentadas**, y todos tus avances quedan registrados y se reflejan en el ranking.

¡Supera tus límites con MADTEST!

Solución al test n.º 11

1. c) Su prevención.

2. a) En personas encamadas.

3. a) Parálisis.

4. a) El colchón o asiento sobre el que reposa el enfermo y por otro la superficie ósea del paciente.

5. a) Enfermos psiquiátricos sometidos a fuertes dosis de sedantes.

6. c) Dos a tres horas.

7. a) La tuberosidad isquiática.

8. c) Iatrogénicas.

9. b) Sujeciones mecánicas.

10. a) Estadio I.

11. d) Fase necrótica.

12. a) Estadio 0.

13. c) 5.

14. d) 1.

15. c) 13.

16. a) Percepción sensorial (capacidad para reaccionar ante una molestia relacionada con la presión).

17. d) 6.

S18. c) Una planificación de los cuidados de enfermería basada en la continuidad sistemática de los mismos.

19. a) Cada 2-3 horas.

20. d) Si la zona aún no tiene enrojecimiento (eritema).

TEST N.º 12

Preparación del/de la paciente para la exploración: Posiciones anatómicas y preparación de materiales médico-quirúrgicos de utilización en la exploración médica. Colaboración en la atención pre y postoperatoria. Drenajes y catéteres: Manipulación y cuidados

1. ¿Cuál no consideras una razón para llevar a cabo una exploración médica?

a) Reconocimiento laboral y diagnóstico de una enfermedad.
b) Rendimiento físico y examen de aptitudes para acceder a determinadas funciones.
c) Exámenes rutinarios de control.
d) Estar sano y no existir causa que lo justifique.

2. ¿A qué grupos de personas se les realiza algún tipo de exploración médica, al entrar como candidatas de los programas de prevención y despistaje rápido de determinadas patologías?

a) Grupos de personas candidatas.
b) Grupos de personas enfermas.
c) Grupos de personas susceptibles.
d) Grupos de personas de riesgo.

3. ¿Qué tipo de exploración se realiza generalmente en la posición genupectoral?

a) Exploraciones de recto.
b) Exploraciones de mamas.
c) Exploraciones de zona anterior del abdomen y de tórax.
d) Son ciertas las respuestas b) y c).

4. ¿Qué útil se emplea para visualizar radiografías?

a) Estetoscopio.
b) Fibroscopio.
c) Negatoscopio.
d) Oftalmoscopio.

5. ¿Qué material de estos no se requiere para la exploración convencional médico-quirúrgica?

a) Cucharilla de legrado uterino.
b) Diapasón.
c) Compresas.
d) Torunda de algodón.

6. ¿Cómo se denomina aquella parte de la exploración física del paciente que consiste en la observación visual de las modificaciones o alteraciones que puedan apreciarse en la superficie corporal?

a) Palpación.
b) Percusión.
c) Auscultación.
d) Inspección.

7. ¿Qué procedimiento físico a nivel de exploración médica es aquel que consiste en la aplicación del oído sobre la superficie del cuerpo del paciente, para oír los ruidos fisiológicos o patológicos que se producen en el interior del mismo?

a) Percusión.
b) Palpación.
c) Inspección.
d) Auscultación.

8. ¿Qué exploración instrumental de estas es genérica?

a) La realizada mediante oftalmoscopio.
b) La realizada mediante espirometría.
c) La realizada mediante radiología.
d) La realizada mediante otoscopio.

9. ¿Qué exploración instrumental de estas es específica de un órgano, aparato o/y sistema?

a) Ecografía.
b) TAC.
c) Espirometría.
d) Radiografía simple.

10. ¿Cómo se denomina o qué acrónimo se emplea para designar a la exploración instrumental que consiste en el registro gráfico de la actividad bioeléctrica del corazón?

a) EMG.
b) EEG.

c) EKG.
d) EPG.

11. ¿A qué área del bloque quirúrgico pertenece el pasillo limpio y el almacén de material estéril?

a) Al área estéril.
b) Al área sucia.
c) Al área de intercambio.
d) Al área limpia.

12. ¿Qué zona de estas del bloque quirúrgico consideras que no es zona limitada?

a) Los antequirófanos.
b) Los pasillos de limpio y sucio.
c) Las salas de intervenciones.
d) Los cuartos de lavado de manos prequirúrgico.

13. ¿A qué grupo dentro del equipo quirúrgico pertenece el cirujano que va a realizar la intervención?

a) Al grupo de miembros del equipo lavados limpios.
b) Al grupo de miembros del equipo lavados estériles.
c) Al grupo de miembros del equipo no estériles.
d) Al grupo de miembros del equipo no limpios.

14. La mesa metálica provista de ruedas, donde se coloca el material de uso continuo para la intervención (bisturí, separadores, pinzas, tijeras, batas, guantes, etc.), se denomina:

a) Mesa auxiliar.
b) Mesa mayo.
c) Cigüeña.
d) Todo lo anterior es cierto.

15. ¿Qué personal del equipo quirúrgico se encarga de coordinar las actividades del personal complementario (laboratorio, radiología, médico y otros)?

a) El auxiliar de enfermería.
b) La enfermera instrumentista.
c) La enfermera circulante.
d) El cirujano ayudante.

16. ¿Cómo se denomina la anestesia que consiste en aplicar la inyección de un anestésico local en el espacio adyacente a la duramadre?

a) Anestesia general.
b) Anestesia raquídea.

c) Anestesia epidural.
d) Anestesia interductal.

17. La deambulación posoperatoria temprana debe llevarse a cabo tras la intervención entre:

a) 4-8 horas.
b) 8-12 horas.
c) 24-48 horas.
d) 72-96 horas.

18. ¿Qué procedimiento técnico es el que pretende asegurar la salida de líquidos y derrames de una herida, absceso o cavidad natural traumática o quirúrgica?

a) Apósitos.
b) Gasa y paños.
c) Drenajes.
d) Sondas.

19. El drenaje vesical se realiza mediante:

a) Sonda de Foley.
b) Sonda nasogástrica.
c) Sonda de Pasman.
d) Sonda de Mickulicz.

20. ¿Qué drenaje mixto consiste en un tubo de goma relleno de gasa?

a) Drenaje en cigarrillo.
b) Drenaje en pipa de fumar.
c) Drenaje invertido de Pasman.
d) Redón.

En MADTEST tienes **más preguntas de este tema, comentadas y argumentadas**, y todos tus avances quedan registrados y se reflejan en el ranking.

¡Supera tus límites con MADTEST!

Solución al test n.º 12

1. d) Estar sano y no existir causa que lo justifique.

2. d) Grupos de personas de riesgo.

3. a) Exploraciones de recto.

4. c) Negatoscopio.

5. a) Cucharilla de legrado uterino.

6. d) Inspección.

7. d) Auscultación.

8. c) La realizada mediante radiología.

9. c) Espirometría.

10. c) EKG.

11. d) Al área limpia.

12. b) Los pasillos de limpio y sucio.

13. b) Al grupo de miembros del equipo lavados estériles.

14. d) Todo lo anterior es cierto.

15. c) La enfermera circulante.

16. c) Anestesia epidural.

17. c) 24-48 horas.

18. c) Drenajes.

19. a) Sonda de Foley.

20. a) Drenaje en cigarrillo.

TEST N.º 13

Atención a personas con problemas cardiovasculares. Constantes vitales: Concepto. Principios fundamentales, gráficas y balance hídrico

1. El paso de agua desde el compartimento vascular al compartimento tisular da lugar a la formación del líquido:

a) Intravascular.
b) Intersticial.
c) Intracelular.
d) Plasmático.

2. ¿En qué cavidad más específicamente está el corazón?

a) Cavidad pleural.
b) Cavidad cardíaca.
c) Cavidad mediastínica.
d) Cavidad pleurocardíaca.

3. ¿Cuántas cavidades posee el corazón?

a) 3.
b) 4.
c) 5.
d) 6.

4. ¿Qué afirmación es incorrecta a nivel anatómico?

a) La aurícula derecha se comunica con el ventrículo derecho.
b) La aurícula izquierda se comunica con el ventrículo izquierdo.
c) El ventrículo derecho se comunica con el ventrículo izquierdo.
d) El ventrículo izquierdo se comunica con la aorta.

5. El seno coronario recoge sangre de:

a) Las arterias coronarias.
b) Las venas coronarias.

c) La cava superior.
d) La carótida común.

6. ¿Qué estructura del corazón le confiere su naturaleza muscular?

a) Miocardio.
b) Pericardio.
c) Endocardio.
d) Epicardio.

7. El nódulo auriculoventricular es el:

a) Nódulo de Keith- Flask.
b) Nódulo de Tawara (o Aschoff Tawara).
c) Nódulo o fascículo de His.
d) Nódulo de Purkinje.

8. ¿Qué arteria irriga el antebrazo?

a) Arteria Subclavia.
b) Arteria Humeral.
c) Arteria Cubital.
d) Arteria Basílica.

9. ¿Cómo se denomina la diferencia existente entre la presión sistólica y diastólica arterial?

a) Presión venosa.
b) Presión diferencial o de pulso.
c) Presión macromicroscópica.
d) Nada de lo anterior es cierto.

10. ¿Qué cierre valvular origina el segundo ruido cardíaco?

a) De las válvulas mitral y tricúspide.
b) De las válvulas tricúspide y sigmoidea pulmonar.
c) De las válvulas mitral y sigmoidea aórtica.
d) De las válvulas sigmoidea pulmonar y sigmoidea aórtica.

11. La serie de respiraciones irregulares en profundidad, interrumpidas por intervalos de apnea se denomina respiración de:

a) Biot.
b) Bouchut.
c) Kussmaul.
d) Cheyne-Stokes.

12. ¿En qué tipo de gráficas existe un apartado también para la medicación?

a) En Gráficas mensuales.
b) En Gráficas semanales.
c) En Gráficas ordinarias.
d) En Gráficas especiales.

13. En ausencia de patología, en el ritmo respiratorio normal la fase inspiratoria es más corta que la espiratoria en una proporción:

a) 2:1.
b) 3:1.
c) 4:1.
d) 5:1.

14. En un adulto joven y sano la presión sistólica es de:

a) 180 mmHg.
b) 155 mmHg.
c) 130 mmHg.
d) 100 mmHg.

15. La temperatura ambiente a la hora de tomar la tensión arterial debe estar sobre los:

a) 10 ºC.
b) 22 ºC.
c) 30 ºC.
d) 35 ºC.

16. La hipotensión postural se denomina también:

a) Idiopática.
b) Esencial.
c) Ortostática.
d) Paradójica.

17. Los valores normales para la vena cava de PVC es de:

a) 0 y 4 cm de H_2O.
b) 2 y 6 cm de H_2O.
c) 6 y 12 cm de H_2O.
d) 14 a 20 cm de H_2O.

18. ¿Cuál es el componte más importante del cuerpo humano?

a) El sodio.
b) El postasio.

c) El agua.
d) La sal.

19. El espacio situado entre las células se denomina espacio:

a) Extracelular.
b) Intracelular.
c) Intersticial.
d) Intravascular.

20. ¿Cuál es el catión más abundante en el espacio intracelular?

a) Sodio.
b) Hidrógeno.
c) Potasio.
d) Cloruro.

En MADTEST tienes **más preguntas de este tema, comentadas y argumentadas**, y todos tus avances quedan registrados y se reflejan en el ranking.

¡Supera tus límites con MADTEST!

Solución al test n.º 13

1. b) Intersticial.

2. c) Cavidad mediastínica.

3. b) 4.

4. c) El ventrículo derecho se comunica con el ventrículo izquierdo.

5. b) Las venas coronarias.

6. a) Miocardio.

7. b) Nódulo de Tawara (o Aschoff Tawara).

8. c) Arteria Cubital.

9. b) Presión diferencial o de pulso.

10. d) De las válvulas sigmoidea pulmonar y sigmoidea aórtica.

11. a) Biot.

12. d) En Gráficas especiales.

13. b) 3:1.

14. c) 130 mmHg.

15. b) 22 ºC.

16. c) Ortostática.

17. c) 6 y 12 cm de H_2O.

18. c) El agua.

19. c) Intersticial.

20. c) Potasio.

TEST N.º 14

Atención a personas con problemas respiratorios. Oxigenoterapia: métodos de administración de oxígeno y precauciones. Limpieza de material. Colaboración en los cuidados de pacientes intubados

1. ¿Qué tipo de epitelio posee la capa mucosa que tapiza las fosas nasales?

a) Cúbico.
b) Plano.
c) Cilíndrico ciliado.
d) Cilíndrico sin cilios.

2. ¿Cuánto mide aproximadamente la faringe en cm?

a) 4.
b) 8.
c) 12.
d) 2.

3. ¿Dónde está la epiglotis?

a) En la faringe.
b) En la laringe.
c) En la tráquea.
d) En el esófago.

4. ¿Cómo se denominan las estructuras tubulares bronquiales que no poseen anillos cartilaginosos?

a) Bronquios principales.
b) Bronquios primarios.
c) Bronquiolos.
d) Bronquios secundarios.

5. ¿Cómo se denominan las estructuras bronquiales extrapulmonares?

a) Bronquios principales.
b) Bronquios terciarios.
c) Bronquiolos.
d) Bronquios secundarios.

6. ¿Cómo se denomina la capa muy fina que envuelve los pulmones?

a) Pleura.
b) Mediastino.
c) Hilios.
d) Alveolos.

7. ¿Qué tipo de mecanismo se emplea en el intercambio de gases a nivel alveolocapilar en pulmones?

a) Difusión simple o difusión.
b) Transporte activo.
c) Pinocitosis.
d) Fagocitosis.

8. ¿Qué es falso de la circulación menor?

a) En ella hay dos venas pulmonares que van a aurícula derecha.
b) La sangre arterial circula por las venas pulmonares.
c) La sangre que transportan las arterias pulmonares está cargada de dióxido de carbono y empobrecida en oxígeno.
d) La hematosis es el fenómeno de intercambio de gases a nivel alveolocapilar.

9. ¿Cuánto volumen de aire entra en una inspiración normal en nuestros pulmones?

a) Cuarto de litro.
b) Medio litro.
c) Un litro.
d) Cinco litros.

10. ¿Qué circunstancia se da cuando la saturación de oxígeno en sangre unido a hemoglobina es del 80 %?

a) De saturación grave.
b) De saturación moderada.
c) De saturación leve.
d) No existe desaturación.

11. Se define bronquitis crónica cuando hipersecreción de moco y la tos productiva crónica recurrente durante un mínimo de:

a) Tres meses al año en dos años consecutivos.
b) Tres meses al año en tres años consecutivos.
c) Dos meses al año en tres años consecutivos.
d) Dos meses al año en dos años consecutivos.

12. ¿A qué se denomina cambios destructivos de las paredes alveolares y agrandamiento de espacios aéreos distales a los bronquios terminales, no respiratorios de forma irreversible?

a) Bronquiectasia.
b) Enfisema.
c) Bronquitis.
d) EPOC.

13. Las bronquitis agudas son más frecuentes en:

a) Niños y ancianos.
h) Mujeres embarazadas y ancianos.
c) Niños y adultos fumadores.
d) Ancianos y adultos no fumadores.

14. ¿Qué disnea es típica del asma bronquial?

a) Disnea paroxística.
b) Disnea espiratoria.
c) Disnea diurna.
d) Disnea de decúbito.

15. ¿Cuál es la causa más frecuente de un neumotórax espontaneo secundario?

a) EPOC.
b) Traumatismo.
c) Cirugía torácica.
d) Catamenial.

16. ¿Cómo se denominan los respiradores que permiten regular solamente la presión de insuflación y exigen una estrecha vigilancia del paciente?

a) Respiradores automáticos.
b) Respiradores de volumen.
c) Respiradores semiautomáticos.
d) Respiradores de presión.

17. ¿Qué intubación endotraqueal es la más empleada en la práctica?

a) Intubación orotraqueal.
b) Intubación nasotraqueal.
c) Intubación con transiluminación.
d) Intubación laringotraqueal.

18. ¿Cómo se denomina aquel trastorno qué aparece en la hipoventilación alveolar y se caracteriza por una $PaCO_2$ elevada y un pH bajo?

a) Acidosis respiratoria.
b) Alcalosis respiratoria.
c) Acidosis metabólica.
d) Alcalosis metabólica.

19. ¿Qué se denomina por fallo del sistema respiratorio en una o en ambas de las funciones de intercambio gaseoso: la oxigenación de la sangre arterial y la eliminación del anhídrido carbónico?

a) Insuficiencia respiratoria.
b) EPOC.
c) Enfisema.
d) Atelectasia.

20. ¿Qué tipo de dispositivo se usa específicamente para suministrar oxígeno humidificado y calentado en pacientes con insuficiencia respiratoria aguda?

a) Concentradores de oxígeno portátiles.
b) Mascarillas de alto flujo.
c) Sistemas de oxígeno transnasal.
d) Dispositivos de conservación de oxígeno.

En MADTEST tienes **más preguntas de este tema, comentadas y argumentadas**, y todos tus avances quedan registrados y se reflejan en el ranking.

¡Supera tus límites con MADTEST!

Solución al test n.º 14

1. c) Cilíndrico ciliado.

2. c) 12.

3. b) En la laringe.

4. c) Bronquiolos.

5. a) Bronquios principales.

6. a) Pleura.

7. a) Difusión simple o difusión.

8. a) En ella hay dos venas pulmonares que van a aurícula derecha.

9. b) Medio litro.

10. a) De saturación grave.

11. a) Tres meses al año en dos años consecutivos.

12. b) Enfisema.

13. c) Niños y adultos fumadores.

14. a) Disnea paroxística.

15. a) EPOC.

16. d) Respiradores de presión.

17. a) Intubación orotraqueal.

18. a) Acidosis respiratoria.

19. a) Insuficiencia respiratoria.

20. b) Mascarillas de alto flujo.

TEST N.º 15

**Atención a personas con problemas urinarios.
Sondas: preparación del paciente, tipos, manipulación y cuidados**

1. El transporte de la orina desde los riñones a la vejiga urinaria se realiza mediante:

a) Los riñones.
b) Los uréteres.
c) Las glándulas suprarrenales.
d) La uretra.

2. ¿Qué hormona renal interviene en el funcionamiento de un sistema regulador de la presión arterial?

a) Eritropoyetina.
b) Renina.
c) Aldosterona.
d) Renopresina.

3. ¿Qué estructuras entran y salen por el hilio renal?

a) Entran la arteria renal y el uréter, y salen la vena renal y el nervio renal.
b) Entran la arteria y el nervio renal, y salen la vena renal y el uréter.
c) Entran la vena y el nervio renal, y salen la arteria renal y el uréter.
d) Entran la vena renal y el uréter, y salen la arteria renal y el nervio renal.

4. La uretra comienza en la vejiga urinaria en:

a) Su cara posterior.
b) Su vértice superior.
c) Sus caras laterales.
d) Su vértice inferior.

5. ¿En qué uretra de estas está en el pene?

a) Uretra prostática.
b) Uretra membranosa.

c) Uretra cavernosa.
d) La uretra no llega al pene.

6. ¿Cuántos litros se filtran al día en los riñones aproximadamente?

a) 90.
b) 180.
c) 280.
d) 800.

7. ¿Qué hormona interviene con su presencia en una menor cantidad de orina por aumento en la reabsorción de agua?

a) Aldosterona.
b) ADH.
c) Renina.
d) DHA.

8. ¿Cómo se denomina el volumen de orina diario?

a) Poliuria.
b) Voliuria.
c) Enuresis.
d) Diuresis.

9. Si la emisión de orina es inferior a 500 ml diarios tendremos un caso de:

a) Poliuria.
b) Anuria.
c) Polaquiuria.
d) Oliguria.

10. Si orino muchas veces al día (aunque sea poco volumen) tengo una:

a) Poliuria.
b) Disuria.
c) Enuresis.
d) Polaquiuria.

11. ¿Qué aspecto de los que se nombran presentará la orina con hepatitis vírica activa (ictericia)?

a) Amarillo oscuro.
b) Coluria.
c) Amarillo pálido.
d) Rojiza (hematuria).

12. ¿En qué circunstancias está indicada la hemofiltración?

a) En pacientes con insuficiencia renal oligúrica.
b) En pacientes con colitis ulcerosa.
c) En pacientes con insuficiencia renal poliúrica.
d) En pacientes con enfermedad de Crohn.

13. ¿Qué tipo de incontinencia urinaria es la más frecuente?

a) Incontinencia de esfuerzo o estrés.
b) Incontinencia de urgencia.
c) Incontinencia neurológica.
d) Incontinencia paradójica.

14. ¿Qué cálculos cálcicos son los más frecuentes en las litiasis renales?

a) Cálculos de cistina.
b) Cálculos de uratos.
c) Cálculos de oxalatos.
d) Cálculos de xantina.

15. ¿Cómo se denomina la segunda fase de una insuficiencia renal aguda?

a) Oligúrica.
b) Anúrica.
c) Diurética.
d) De recuperación.

16. La cantidad de orina que permanece en la vejiga después de evacuar se denomina:

a) Diuresis residual.
b) Orina de almacenamiento vesical.
c) Orina residual.
d) Orina retenida.

17. Las sondas vesicales de lavado continuo son las sondas de:

a) Malecot.
b) Pezzet.
c) Foley.
d) Robinson.

18. Las sondas vesicales a nivel de calibre se numeran de dos en dos, yendo sus valores, las pequeñas desde un valor par menor y las grandes de un valor par mayor, que son de:

a) 4 a 12.
b) 6 a 16.

c) 6 a 24.
d) 12 a 28.

19. Las sondas de Foley son:

a) Blandas.
b) Duras.
c) Rígidas.
d) Semirrígidas.

20. ¿Qué cantidad de agua destilada (en cc) hay que meter en el balón del que va provisto la sonda vesical en su extremo distal, una vez se ha introducido el catéter en la vejiga del varón?

a) 1.
b) 5.
c) 10.
d) 20.

En MADTEST tienes **más preguntas de este tema, comentadas y argumentadas**, y todos tus avances quedan registrados y se reflejan en el ranking.

¡Supera tus límites con MADTEST!

Solución al test n.º 15

1. b) Los uréteres.

2. b) Renina.

3. b) Entran la arteria y el nervio renal, y salen la vena renal y el uréter.

4. d) Su vértice inferior.

5. c) Uretra cavernosa.

6. b) 180.

7. b) ADH.

8. d) Diuresis.

9. d) Oliguria.

10. d) Polaquiuria.

11. b) Coluria.

12. a) En pacientes con insuficiencia renal oligúrica.

13. a) Incontinencia de esfuerzo o estrés.

14. c) Cálculos de oxalatos.

15. c) Diurética.

16. c) Orina residual.

17. c) Foley.

18. c) 6 a 24.

19. a) Blandas.

20. c) 10.

**Atención a personas con problemas digestivos.
Los alimentos: clasificación, higiene y manipulación.
Dietas terapéuticas: concepto y tipos. Vías de alimentación enteral
y parenteral. Técnicas para alimentación a paciente encamado,
disfagias, SNG. Alimentación del lactante. Ostomías y enemas**

1. ¿Qué huesos de la cabeza intervienen en la formación del paladar duro?

a) Palatinos y maxilares.
b) Cigomáticos y maxilares.
c) Cigomáticos y palatinos.
d) Unguis y palatinos.

2. ¿Qué papilas linguales de estas no son gustativas?

a) Caliciformes.
b) Filiformes.
c) Fungiformes.
d) Todas son gustativas.

3. ¿Qué músculo forma el esfínter esofágico superior?

a) El músculo hioideofaríngeo.
b) El músculo tirocricoideo.
c) El músculo cricofaríngeo.
d) Ninguno de los anteriores.

4. ¿Cuál es el conducto de salida de la saliva a la boca de las glándulas parótidas?

a) Conducto de Stenon.
b) Conducto de Warton.
c) Conducto de Rivinus.
d) Conducto de Walter.

5. Sinónimo de ptialismo es:

a) Sialonco.
b) Sialorrea.
c) Sialosquesis.
d) Sialodoquitis.

6. El peso del hígado (en gramos) de un adulto está en torno a los:

a) 950.
b) 1200.
c) 1500.
d) 2500.

7. ¿Cuál es la víscera más voluminosa de nuestro cuerpo?

a) Páncreas.
b) Hígado.
c) Estómago.
d) Tiroides.

8. ¿Cómo se denomina el paso del bolo de faringe a esófago?

a) Tragación.
b) Masticación.
c) Maceración.
d) Deglución.

9. ¿En qué zona del intestino delgado se absorbe más sodio?

a) En el duodeno.
b) En el íleon.
c) En el yeyuno.
d) En el ciego.

10. Las pequeñas hemorragias en un estoma se producen:

a) Por déficit de vitamina K.
b) Por déficit de hierro.
c) Por infecciones recidivantes del estoma y poca higiene local del mismo.
d) Por pequeños traumatismos al limpiar el estoma.

11. Empleando la fórmula de Harris y Benedict del metabolismo basal diremos que un varón de 35 kg de peso, 1,40 m de talla y 11 años de edad, será aproximadamente de:

a) 700.
b) 850.

c) 1100.
d) 2100.

12. ¿Qué factor se estos es el que más influye en la multiplicación de microorganismos?

a) Las calorías de los alimentos.
b) La temperatura del medio.
c) La presión atmosférica.
d) La presencia o no de otros gérmenes.

13. ¿Qué agentes bióticos de los siguientes son mas productores de toxiinfecciones alimentarias?

a) Hongos.
b) Bacterias.
c) Protozoos.
d) Parásitos.

14. ¿Cuál es la fuente más importante de contaminación de intoxicaciones químicas de origen alimentario de forma directa sobre frutas y verduras que ingerimos, o indirecta tras la ingesta de lo anterior de animales?

a) El estiércol de origen animal.
b) Los mercuriales.
c) Los insecticidas.
d) El riego con agua contaminada.

15. ¿Qué aminoácido es esencial?

a) Prolina.
b) Cisteína.
c) Triptófano.
d) Alanina.

16. ¿Qué principios inmediatos son sustancias energéticas?

a) Grasas.
b) Grasas y proteínas.
c) Azúcares y proteínas.
d) Grasas y azúcares.

17. ¿Cuál de estos nutrientes se considera micronutriente (imprescindibles en pequeñas cantidades)?

a) Vitaminas.
b) Azúcares.

c) Proteínas.
d) Grasas.

18. El retinol es un constituyente de la vitamina:

a) Vitamina A.
b) Vitamina B$_2$.
c) Vitamina C.
d) Vitamina D.

19. ¿Con qué término se corresponde esta definición: «la técnica y el arte de utilizar los alimentos de la forma adecuada, partiendo del conocimiento profundo del organismo humano y de los alimentos, para proponer y promover formas de alimentación, variada, suficiente y equilibrada»?

a) Dietoterapia.
b) Nutrición.
c) Bromatología.
d) Dietética.

20. Un IMC (índice de Masa Corporal) de 27, según Garrow, estaría en el grado de obesidad:

a) No obesidad.
b) Leve.
c) Moderada.
d) Grave.

En MADTEST tienes **más preguntas de este tema, comentadas y argumentadas**, y todos tus avances quedan registrados y se reflejan en el ranking.

¡Supera tus límites con MADTEST!

Solución al test n.º 16

1. a) Palatinos y maxilares.

2. d) Todas son gustativas.

3. c) El músculo cricofaríngeo.

4. a) Conducto de Stenon.

5. b) Sialorrea.

6. c) 1500.

7. b) Hígado.

8. d) Deglución.

9. c) En el yeyuno.

10. d) Por pequeños traumatismos al limpiar el estoma.

11. c) 1100.

12. b) La temperatura del medio.

13. b) Bacterias.

14. c) Los insecticidas.

15. c) Triptófano.

16. d) Grasas y azúcares.

17. a) Vitaminas.

18. a) Vitamina A.

19. d) Dietética.

20. b) Leve.

TEST N.º 17

Atención a personas ancianas: cambios físicos asociados al envejecimiento. Medidas de apoyo a la persona cuidadora del/de la anciano/a dependiente. Proceso asistencial integrado al paciente crónico complejo en Extremadura: definición global, destinatarios y proveedores. Atención al/a la paciente con demencia

1. ¿Qué modificaciones de la piel del anciano es incorrecta?

a) Se va volviendo descolorida.
b) Aumenta en ella el grosor de los vasos sanguíneos.
c) Se vuelve más húmeda y con ello sudorosa y menos frágil.
d) Todo lo anterior es correcto.

2. ¿Qué modificaciones se producen en la dentadura del anciano?

a) Los dientes sufren desgaste del cemento y de las encías.
b) Los dientes sufren desgaste del esmalte y dentina, con disminución del cemento.
c) Los dientes sufren desgaste de la zona pulpar, con disminución del cemento y de la dentina o marfil.
d) Los dientes sufren desgaste del esmalte y dentina, con aumento del cemento.

3. Las denominadas «placas seniles» se observan en cerebros:

a) Ancianos con diabetes.
b) Aquejados de psoriasis.
c) Senescentes y en aquejados de demencia senil.
d) Jóvenes aquejados de demencia senil.

4. ¿Qué modificaciones o aspectos psicológicos son incorrectos en el anciano?

a) El descenso de las funciones intelectuales en los ancianos guarda una relación directa con la edad cronológica, y es independiente del nivel cultural que posea.
b) Disminución de la autoestima.
c) Aparece desinterés por las cosas.
d) Ninguna de las anteriores es incorrecta.

5. ¿Qué signo o síntoma del anciano es aquel que se muestra con el cuidador en forma de agresiones verbales?

a) De miedo.
b) De aislamiento.
c) De hostilidad.
d) De deterioro cognitivo.

6. ¿Cada cuánto tiempo el anciano debe hidratar las uñas y su cutícula para mantenerlas blandas y evitar que se rompan?

a) Cada día.
b) Cada tres días.
c) Cada semana.
d) Cada mes.

7. Todo lo que se expone de los cuidados en el baño de los gerontes es cierto, excepto que:

a) En el baño el enfermo debe ser vigilado y acompañado en todo momento.
b) Cerca del baño no debe haber equipos ni útiles que funcionen con electricidad.
c) El baño de limpieza, como método de higiene corporal, no es un medio idóneo para favorecer la eliminación de las toxinas y de la suciedad.
d) Se cerrarán las ventanas y se caldeará la estancia donde se vaya a realizar el baño.

8. ¿En qué cromosoma se localiza la anomalía de carácter genético de la demencia fronto-temporal?

a) En el cromosoma 8.
b) En el cromosoma 12.
c) En el cromosoma 17.
d) En el cromosoma 21.

9. ¿Qué porcentaje de todas las demencias tipo Alzheimer se da la demencia tipo Alzheimer precoz y familiar?

a) 1 %.
b) 10 %.
c) 20 %.
d) 509 %.

10. ¿En qué par cromosómico se encuentra la anomalía que provoca la demencia frontal?

a) En el par 14.
b) En el par 17.

c) En el par 19.
d) En el par 21.

11. ¿Qué teoría permitiría explicar cómo una enfermedad potencialmente here-dada (Enfermedad de Alzheimer) permanece latente durante la juventud y la madu-rez, para expresarse fenotípicamente en el momento de la senectud?

a) Teoría monoclonal.
b) Teoría de las buenas causas.
c) Teoría de la apoptosis o muerte celular programada.
d) Teoría policlonal.

12. ¿Qué neurotransmisor está disminuido en la enfermedad de Alzheimer?

a) La acetilcolina.
b) La noradrenalina, dopamina y serotonina.
c) La histamina y otros neurotransmisores no nombrados.
d) Todos los anteriores pueden estar bajos en la enfermedad de Alzheimer.

13. ¿Qué demencias corticales de estas es de tipo primario?

a) Enfermedad de Parkison.
b) Enfermedad de Creutzfeldt-Jakob.
c) Enfermedad de Alzheimer.
d) Síndrome Wernicke-Korsakoff.

14. ¿Qué demencia primaria de éstas no es subcortical?

a) Enfermedad de Pick.
b) Enfermedad de Parkinson.
c) Enfermedad de Creutzfeldt-Jacob.
d) Corea de Huntington.

15. ¿Qué demencia secundaria de éstas consideras de origen claramente metabólico?

a) Déficit de vitamina B12.
b) Ictus isquémico.
c) Ictus hemorrágico.
d) Corea de Huntington.

16. ¿Cuál es el objetivo principal del proceso asistencial integrado (PAI) del pa-ciente crónico complejo (PCC)?

a) Definir un modelo asistencial adaptado a las necesidades de los PCC para el Servicio Ex-tremeño de Salud, basado en una asistencia integrada sobre los ejes clínico, mental, funcional y social, que mejoren la salud y la calidad de vida de pacientes y cuidadores, y sea más eficiente.
b) Promover la autonomía y la atención preferente en el entorno de vida del paciente, siempre que las condiciones particulares lo permitan.

c) Establecer un plan de rehabilitación funcional después de cada exacerbación o proceso mórbido dirigido a recuperar, si lo precisara, las capacidades perdidas que sean potencialmente reversibles.

d) Fomentar la participación de los profesionales en la mejora del proceso asistencial destacando los aspectos de seguridad, experiencia del paciente y eficiencia de la atención.

17. ¿Qué organismo gestiona el PAI del PCC en Extremadura?

a) Ministerio de Sanidad.
b) Servicio Extremeño de Salud (SES).
c) Instituto Nacional de la Seguridad Social (INSS).
d) Organización Mundial de la Salud (OMS).

18. ¿Cuál de las siguientes afirmaciones sobre el PAI del PCC es correcta?

a) Es un modelo de gestión rígido e inmutable.
b) No se adapta a los recursos de cada área sanitaria.
c) Debe evaluarse periódicamente y modificarse según los resultados obtenidos.
d) Solo se aplica a pacientes con enfermedades cardiovasculares.

19. ¿Qué tipo de pacientes pueden ser incluidos en el PAI del PCC?

a) Personas con una o más enfermedades crónicas que presentan necesidades asistenciales complejas.
b) Pacientes hospitalizados con enfermedades agudas.
c) Personas con enfermedades crónicas que no necesitan atención médica frecuente.
d) Solo aquellos que requieren hospitalización prolongada.

20. ¿Cuál es uno de los objetivos específicos del PAI del PCC?

a) Aumentar la estancia hospitalaria de los pacientes crónicos.
b) Reducir la necesidad de hospitalizaciones urgentes y estancias prolongadas.
c) Garantizar la institucionalización de los pacientes con dependencia.
d) Evitar la participación de la familia en la toma de decisiones.

En MADTEST tienes **más preguntas de este tema, comentadas y argumentadas**, y todos tus avances quedan registrados y se reflejan en el ranking.

¡Supera tus límites con MADTEST!

Solución al test n.º 17

1. c) Se vuelve más húmeda y con ello sudorosa y menos frágil.

2. d) Los dientes sufren desgaste del esmalte y dentina, con aumento del cemento.

3. c) Senescentes y en aquejados de demencia senil.

4. a) El descenso de las funciones intelectuales en los ancianos guarda una relación directa con la edad cronológica, y es independiente del nivel cultural que posea.

5. c) De hostilidad.

6. a) Cada día.

7. c) El baño de limpieza, como método de higiene corporal, no es un medio idóneo para favorecer la eliminación de las toxinas y de la suciedad.

8. c) En el cromosoma 17.

9. b) 10 %.

10. b) 17.

11. c) Teoría de la apoptosis o muerte celular programada.

12. d) Todos los anteriores pueden estar bajos en la enfermedad de Alzheimer.

13. c) Enfermedad de Alzheimer.

14. a) Enfermedad de Pick.

15. a) Déficit de vitamina B12.

16. a) Definir un modelo asistencial adaptado a las necesidades de los PCC para el Servicio Extremeño de Salud, basado en una asistencia integrada sobre los ejes clínico, mental, funcional y social, que mejoren la salud y la calidad de vida de pacientes y cuidadores, y sea más eficiente.

17. b) Servicio Extremeño de Salud (SES).

18. c) Debe evaluarse periódicamente y modificarse según los resultados obtenidos.

19. a) Personas con una o más enfermedades crónicas que presentan necesidades asistenciales complejas.

20. b) Reducir la necesidad de hospitalizaciones urgentes y estancias prolongadas.

TEST N.º 18

Atención a personas con problemas de Salud Mental en el ámbito hospitalario y comunitario. Prevención del Suicidio en Extremadura

1. La definición de la OMS de salud mental dice que es el resultado de la presencia de aspectos, necesarios para alcanzar un estado de completo bienestar de tipo:

a) Psicológico, afectivo y ambiental sobre la salud.
b) Psicológico, afectivo y social sobre la salud.
c) Afectivo, social y ambiental sobre la salud.
d) Físico, psicológico y social sobre la salud.

2. ¿Qué aspectos multifactoriales se recogen en un mismo individuo?

a) Aspectos físicos, psíquicos, religiosos, culturales y ambientales.
b) Aspectos físicos, psíquicos, socioeconómicos y ambientales.
c) Aspectos físicos, sociales, éticos, psíquicos y ambientales.
d) Aspectos físicos, psíquicos, sociales, culturales y ambientales.

3. ¿Qué concepto implica que el hecho de la existencia de una relación de afecto, emoción o sentimiento de la persona vaya a tener repercusiones somáticas positivas o negativas, tales como cefaleas, náuseas, diarreas, etc.?

a) El concepto de dinamismo.
b) El concepto de interacción.
c) El concepto de normalidad.
d) El concepto de aversión.

4. ¿Qué número de edición es la vigente del *Manual diagnóstico y estadístico de los trastornos mentales de la Asociación Estadounidense de Psiquiatría* (DSM)? La edición:

a) Segunda.
b) Tercera.
c) Cuarta.
d) Quinta.

5. ¿Cuántas categorías de trastornos mentales incluye la actual clasificación de trastornos mentales de la Asociación Estadounidense de Psiquiatría DSM?

a) 18.
b) 22.
c) 30.
d) 35.

6. ¿Qué clasificación de trastornos mentales recomienda la OMS que se use?

a) DSM- V.
b) CIE- 10.
c) DMS- III.
d) ASLO- V.

7. La ansiedad es un trastorno de tipo:

a) Psicótico.
b) Neurótico.
c) Sociopático.
d) Psicopático, asociado a toxicomanías.

8. ¿Qué característica presenta el nivel de ansiedad donde el individuo presenta una atención selectiva y un campo perceptivo disminuido?

a) Nivel de ansiedad leve.
b) Nivel de ansiedad moderado.
c) Nivel de ansiedad severo.
d) Ausencia.

9. El miedo irracional a los espacios abiertos se denomina:

a) Claustrofobia.
b) Dismorfobia.
c) Agorafobia.
d) Eritrofobia.

10. ¿Qué se denomina como contenidos o actividades psíquicas que se imponen en un individuo a pesar suyo?

a) Neurosis.
b) Fobia.
c) Obsesión.
d) Ilusión.

11. ¿Qué trastorno presentan las personas con el cuadro clínico típico de *flashbacks*?

a) Trastorno obsesivo-compulsivo.
b) Trastorno de estrés traumático.
c) Trastorno fóbico.
d) Trastorno de ansiedad generalizada.

12. Según la DMS los trastornos del estado de ánimo o afectivos denominados trastornos depresivos, incluyen:

a) Las fobias y los trastornos bipolares.
b) El episodio depresivo mayor, el episodio maníaco y el episodio mixto.
c) El trastorno depresivo mayor y el trastorno distímico.
d) Los trastornos bipolares y ciclotímicos.

13. ¿Qué trastorno del ánimo o afectivo (según DSM) pertenece al grupo de los trastornos depresivos?

a) Trastorno Depresivo Mayor.
b) Episodio maníaco.
c) Episodio mixto.
d) Trastorno bipolar.

14. ¿Qué otro nombre recibe los trastornos bipolares?

a) Ciclotimia.
b) Psicosis afectiva no polar.
c) Psicosis falsotímica.
d) Todos los anteriores son correctos.

15. ¿En qué momento del síndrome bipolar ciclotímico existe mayor riesgo de suicidio?

a) Al principio de la fase maníaca.
b) En el momento de la fase depresiva.
c) Al recuperarse de la fase depresiva.
d) Al recuperarse de la fase maníaca.

16. ¿Cuál es el objetivo principal del Código Suicidio 2.0 en Extremadura?

a) Sancionar a quienes intentan suicidarse.
b) Reducir la incidencia del suicidio mediante la prevención y el seguimiento.
c) Detectar precozmente y atender a personas en riesgo suicida.
d) Limitar la atención médica a los intentos suicidas consumados.

17. ¿Cuál es uno de los principales factores a evaluar en la exploración de un paciente con ideación suicida?

a) Nivel educativo.
b) Situación laboral.
c) Factores de riesgo, protectores y precipitantes.
d) Preferencias personales sobre el tratamiento.

18. ¿Qué instrumento se utiliza para la valoración rápida del riesgo suicida en Atención Primaria?

a) Escala de Ansiedad de Hamilton.
b) Test de Memoria de Wechsler.
c) MINI Entrevista Neuropsiquiátrica Internacional.
d) Cuestionario de Calidad de Vida SF-36.

19. Si un paciente presenta un intento suicida reciente y un plan elaborado, ¿qué actuación es la más indicada?

a) Seguimiento en Atención Primaria.
b) Derivación a consulta psicológica ambulatoria.
c) Derivación inmediata al Servicio de Urgencias Hospitalarias.
d) Aplicación de terapia ocupacional.

20. ¿Qué debe incluir siempre el documento de derivación al Servicio de Urgencias Hospitalarias en casos de riesgo suicida?

a) Un informe sobre el estado físico del paciente.
b) La indicación de "persona con riesgo suicida y necesidad de valoración urgente".
c) Una carta de recomendación del médico de familia.
d) Un consentimiento informado del paciente.

En MADTEST tienes **más preguntas de este tema, comentadas y argumentadas**, y todos tus avances quedan registrados y se reflejan en el ranking.

¡Supera tus límites con MADTEST!

Solución al test n.º 18

1. b) Psicológico, afectivo y social sobre la salud.

2. b) Aspectos físicos, psíquicos, socioeconómicos y ambientales.

3. b) El concepto de interacción.

4. d) Quinta.

5. b) 22.

6. b) CIE- 10.

7. b) Neurótico.

8. b) Nivel de ansiedad moderado.

9. c) Agorafobia.

10. c) Obsesión.

11. b) Trastorno de estrés traumático.

12. c) El trastorno depresivo mayor y el trastorno distímico.

13. a) Trastorno Depresivo Mayor.

14. a) Ciclotimia.

15. c) Al recuperarse de la fase depresiva.

16. c) Detectar precozmente y atender a personas en riesgo suicida.

17. c) Factores de riesgo, protectores y precipitantes.

18. c) MINI Entrevista Neuropsiquiátrica Internacional.

19. c) Derivación inmediata al Servicio de Urgencias Hospitalarias.

20. b) La indicación de "persona con riesgo suicida y necesidad de valoración urgente".

TEST N.º 19

Atención a personas con enfermedad avanzada y en el final de vida. Cuidados paliativos. Apoyo al cuidador/a principal y familia. Cuidados "postmortem"

1. ¿Qué aspecto de estos es clave que se dé en cuidados paliativos, siempre que sea posible?

a) La atención hospitalaria.
b) La atención en centro de salud habitual.
c) La atención en centro de salud especializado.
d) La atención domiciliaria.

2. Respecto a los cuidados paliativos no es cierto que:

a) Mejoran la calidad de vida de los pacientes y de sus familias.
b) Alivian el dolor y otros síntomas.
c) Aceleran la muerte.
d) Afirman la vida, y consideran la muerte como un proceso normal.

3. ¿Qué pronóstico (en meses) de vida es el promedio general en pacientes terminales?

a) Está limitado a 2 meses (± 1).
b) Está limitado a 3 meses (± 2).
c) Está limitado a 6 meses (± 3).
d) Está limitado a 9 meses (± 3).

4. ¿Qué principio básico, según Beauchamp y Childress, se sintetiza con la expresión latina *primum non nocere*?

a) Justicia.
b) No maleficencia.
c) Autonomía.
d) Beneficencia.

5. ¿En qué tipo de actuaciones se basan los cuidados paliativos?

a) Eutanasia.
b) Eugenesia.
c) Distanasia.
d) Ortotanasia.

6. A toda acción que pretende terminar con la vida del enfermo para acabar con el sufrimiento se le denomina:

a) Eutanasia.
b) Distanasia.
c) Eugenesia.
d) Ortotanasia.

7. ¿Cuál de estos derechos que se nombran a continuación, de las personas adultas en situación terminal, no consideras que sea tal?

a) Derecho a recibir atención médica y soporte personal.
b) Derecho a la autodeterminación y a rechazar un tratamiento.
c) Derecho a participar en la toma de decisiones relativas a las pruebas complementarias, aunque no en el tratamiento.
d) Derecho a ser tratados con la mayor dignidad y a ver su dolor aliviado.

8. Respecto al reposo y al sueño del enfermo terminal es cierto que:

a) Son infrecuentes las irregularidades en el patrón del sueño.
b) No se deben dar hipnóticos para el sueño, aunque se prescriban por el facultativo.
c) Hay que evitar que se sienta solo, y esto lo relaja y disminuye su estrés, favoreciendo que no se den las irregularidades del sueño.
d) La causa del insomnio siempre es psicológica.

9. ¿Qué consejo en la alimentación en cuidados paliativos es incorrecto?

a) No presionar o agobiar al paciente con la comida, intentando adaptarse al "gusto" del paciente.
b) Presentar la comida de forma atractiva (la comida entra por los ojos).
c) Fraccionar la dieta en seis o siete tomas al día (más veces, menos cantidad), evitando alimentos flatulentos, muy condimentados, o/y con olores intensos.
d) Hay que obligar a comer a los pacientes, la falta de comida constituye una ded las causas de empeoramiento.

10. ¿Qué virus es el que más frecuentemente aparece en la boca de los enfermos que están recibiendo quimioterapia?

a) Cándida.
b) Virus de Epstein-Barr.

c) Citomegalovirus.
d) Herpes simple.

11. ¿Qué aspecto no posee el dolor agudo que sí lo posee el dolor crónico?

a) Posee una misión biológica.
b) Mejor vía de administración la analgesia oral/rectal.
c) Posee un comienzo de alivio rápido.
d) El paciente presenta un estado emocional ante el dolor de cansado/ansioso.

12. ¿Qué factor de esto disminuye el dolor?

a) Miedo.
b) Depresión.
c) Vejez.
d) Sueño.

13. ¿Qué dolor de estos no es nociceptivo?

a) El dolor somático, por estimulación de los receptores periféricos.
b) El dolor visceral, por infiltración, compresión o distensión de vísceras.
c) El dolor neuropático, por daño del Sistema Nervioso Central (dolor central) o periférico (desaferentización).
d) Todos son nociceptivos.

14. Todo lo que se expone del fentanilo es cierto, excepto que:

a) Es un opioide sintético.
b) El fentanilo tiene indicaciones diferentes a la morfina en el tratamiento de dolor crónico que no responda al segundo escalón de la OMS.
c) El principal inconveniente del fentanilo-TTS es su mala adherencia en pieles sudorosas o/y febriles.
d) El fentanilo está especialmente indicado en disfagia/odinofagia, cuando existe un escaso cumplimiento de la medicación oral y cuando se dan problemas en el tránsito gastrointestinal (ocasiona menos estreñimiento).

15. ¿Qué causa de la ansiedad se relaciona con las fases de duelo de la doctora Kübler-Ross?

a) Los problemas relacionados con efectos directos de la enfermedad o complicaciones médicas.
b) Las reacciones adaptativas como consecuencia de la aparición de cambios inevitables.
c) Los problemas derivados de la existencia previa de problemas psicológicos.
d) Aquellas derivadas de los efectos secundarios del tratamiento.

16. ¿Qué nivel de sedación presenta un paciente con una respuesta rápida a estímulos dolorosos/presión glabelar, según la escala de Ramsay?

a) Nivel de sedación II.
b) Nivel de sedación III.
c) Nivel de sedación IV.
d) Nivel de sedación V.

17. ¿Cómo se denomina la capacidad para comprender, aceptar y compartir los sentimientos del paciente (incluso de otras personas)?

a) Catarsis.
b) Empatía.
c) Reflexividad.
d) Eustrés.

18. ¿Qué respuestas es incorrecta?

a) Las familias necesitan atención al mismo tiempo que el paciente terminal.
b) Los familiares deben ser partícipes del plan de cuidados del paciente.
c) No es conveniente instruir a los familiares en los cuidados necesarios para el paciente.
d) El médico debe facilitar a la familia la mayor cantidad de información posible sobre el estado del paciente.

19. ¿Cuál de estas etapas de aceptación de la muerte (Kübler-Ross) suele ser cronológicamente la primera?

a) Ira.
b) Negociación.
c) Negación.
d) Aceptación.

20. ¿En qué fase según Spoken está el paciente terminal que aún no conoce el diagnóstico ni el alcance de la enfermedad, pero la familia sí?

a) Fase de despreocupación.
b) Fase de inseguridad.
c) Fase de negación.
d) Fase de comunicación de la verdad.

En MADTEST tienes **más preguntas de este tema, comentadas y argumentadas**, y todos tus avances quedan registrados y se reflejan en el ranking.

¡Supera tus límites con MADTEST!

Solución al test n.º 19

1. d) La atención domiciliaria.

2. c) Aceleran la muerte.

3. c) Está limitado a 6 meses (± 3).

4. b) No maleficencia.

5. d) Ortotanasia.

6. a) Eutanasia.

7. c) Derecho a participar en la toma de decisiones relativas a las pruebas complementarias, aunque no en el tratamiento.

8. c) Hay que evitar que se sienta solo, y esto lo relaja y disminuye su estrés, favoreciendo que no se den las irregularidades del sueño.

9. d) Hay que obligar a comer a los pacientes, la falta de comida constituye una ded las causas de empeoramiento.

10. d) Herpes simple.

11. b) Mejor vía de administración la analgesia oral/rectal.

12. d) Sueño.

13. c) El dolor neuropático, por daño del Sistema Nervioso Central (dolor central) o periférico (desaferentización).

14. b) El fentanilo tiene indicaciones diferentes a la morfina en el tratamiento de dolor crónico que no responda al segundo escalón de la OMS.

15. b) Las reacciones adaptativas como consecuencia de la aparición de cambios inevitables.

16. c) Nivel de sedación IV.

17. b) Empatía.

18. c) No es conveniente instruir a los familiares en los cuidados necesarios para el paciente.

19. c) Negación.

20. a) Fase de despreocupación.

TEST N.º 20

Urgencias y emergencias. Colaboración en situaciones de urgencias y emergencias: traumatismos, quemaduras, shock, intoxicaciones, hemorragias, heridas. Reanimación cardiopulmonar, soporte vital básico. Concepto de urgencia y prioridad. Carro de parada: reposición y mantenimiento del material

1. Una patología que puede llevar a la muerte y que debe ser atendida en un tiempo inferior a una hora, según la OMS, es:

a) Un accidente.
b) Un siniestro.
c) Una urgencia.
d) Una emergencia.

2. El mayor pico de mortalidad originado en los politraumatizados es:

a) En la primera hora.
b) En las primeras 24 horas.
c) En las semanas posteriores.
d) La mortalidad en los politraumatizados no presenta un pico reconocido.

3. ¿Cuál es el orden en el que se debe realizar una evaluación en un paciente politraumatizado en la valoración secundaria?

a) Primero se debe realizar un examen neurológico, seguido de una exploración en busca de lesiones externas.
b) Primero se debe realizar un examen neurológico, seguido de una exploración de cabeza, cuello, tórax y abdomen.
c) La evaluación debe comenzar por la exploración de la cabeza, para seguir con cuello, abdomen y pelvis, y finalizar con un examen neurológico.
d) La evaluación debe comenzar por la exploración de cabeza, cuello, tórax, abdomen, pelvis, extremidades y finalizar con un examen neurológico.

4. ¿Qué es un traumatismo craneoencefálico?

a) Un impacto violento recibido por un sujeto en las regiones craneal y facial.
b) Un impacto recibido por un sujeto en la región craneal.
c) Una pérdida estructural de una parte del cuerpo.
d) La pérdida del conocimiento por un impacto violento en la región craneal.

5. En la inspección de las pupilas en una valoración neurológica de un paciente con traumatismo craneoencefálico, una relación entre ambas pupilas disocóricas quiere decir que:

a) Ambas pupilas son iguales.
b) Las pupilas no reaccionan.
c) Las pupilas son desiguales.
d) Las pupilas tienen forma irregular.

6. Para valorar la extensión de una quemadura se usa:

a) La regla de los 9.
b) La regla de Wallace.
c) La regla de los 10.
d) Las respuestas a) y b) son correctas.

7. ¿Qué es la uremia?

a) Es una pérdida de conciencia debido a una baja cantidad de glucosa en sangre.
b) Es una pérdida de conciencia debido a una alta cantidad de glucosa en sangre.
c) Es una complicación grave de las enfermedades del riñón, que puede provocar un estado de somnolencia capaz de llevar al coma.
d) Es una complicación leve de las enfermedades del riñón, que puede provocar un estado de somnolencia capaz de llevar al coma.

8. Las catecolaminas producen:

a) Vasoconstricción arterial y venosa, desvía el flujo de sangre de órganos no vitales a los vitales.
b) Elevación de frecuencia cardiaca y respiratoria.
c) Elevación de tensión arterial y gasto cardíaco.
d) Todas las respuestas son correctas.

9. Para poder elaborar un diagnóstico definitivo en un paciente intoxicado se debe recabar la máxima información posible. Se intentará conseguir:

a) Nombre del producto y cantidad del producto ingerido.
b) Vía de administración por la que se ha producido la ingesta y posibles mezclas.

c) Tiempo transcurrido desde la administración del producto y antecedentes patológicos previos del individuo.

d) Todas las respuestas son correctas.

10. ¿Cuál de los siguientes es el tratamiento para la intoxicación por paracetamol?

a) El tratamiento es sintomático.

b) El tratamiento indicado es el lavado gástrico incluso pasadas 12 horas, monitorización cardiaca y administración de bicarbonato sódico.

c) El tratamiento específico es la administración de su antídoto, N-acetilcisteína y si la ingesta es reciente están indicados el lavado gástrico y el carbón activado.

d) El tratamiento consiste en el lavado gástrico y carbón gástrico y la administración intravenosa de flumazenil.

11. La cánula de Guedel:

a) Es una cánula orofaríngea.

b) Se utiliza para mantener la vía aérea permeable.

c) Es un tubo de plástico abierto en su interior.

d) Todas las respuestas son ciertas.

12. Es un ritmo desfibrilable:

a) TVSP.

b) Asistolia.

c) Sinusal.

d) Bloqueo completo.

13. Si está indicada la descarga con el desfibrilador deberemos estar seguros de que:

a) El ritmo es desfibrilable.

b) El nivel de julios es el correcto.

c) Nadie toca al paciente.

d) El DESA tiene baterías.

14. ¿Cuándo se suspende la RCP básica?

a) Cuando la valoración nos indica que el paciente presenta una PCR.

b) Cuando el paciente necesita una descarga eléctrica.

c) Cuando el reanimador está exhausto.

d) Todas las respuestas son ciertas.

15. En los niños las técnicas de RCP se inician con:

a) 30 compresiones.

b) 2 ventilaciones.

c) 5 ventilaciones.
d) 15 compresiones.

16. La secuencia ideal entre compresiones y ventilaciones en los niños es de:

a) 30/2.
b) 15/2.
c) 30/1.
d) 15/5.

17. La realización de la RCP en niños debe hacerse con el niño:

a) En PLS.
b) En decúbito prono sobre una superficie dura.
c) En decúbito supino sobre una superficie dura.
d) En la posición en la que nos encontramos al paciente evitando la movilización.

18. El área de compresión en los lactantes:

a) Es en la línea intermamilar, sobre el esternón.
b) Es en el mismo lugar que en los adultos.
c) Es con 3 dedos sobre la apófisis xifoides.
d) Es justo bajo la apófisis xifoides.

19. No se considera material para la apertura de la vía aérea:

a) Pinzas de Magill.
b) Guía de tubo.
c) Tubos orofaríngeos.
d) Tabla de RCP.

20. El sulfato de magnesio es:

a) Una catecolamina.
b) Un anticolinérgico.
c) Un antiarrítmico.
d) Un depresor del SNC.

Solución al test n.º 20

1. d) Una emergencia.

2. a) En la primera hora.

3. d) La evaluación debe comenzar por la exploración de cabeza, cuello, tórax, abdomen, pelvis, extremidades y finalizar con un examen neurológico.

4. a) Un impacto violento recibido por un sujeto en las regiones craneal y facial.

5. d) Las pupilas tienen forma irregular.

6. d) Las respuestas a) y b) son correctas.

7. c) Es una complicación grave de las enfermedades del riñón, que puede provocar un estado de somnolencia capaz de llevar al coma.

8. d) Todas las respuestas son correctas.

9. d) Todas las respuestas son correctas.

10. c) El tratamiento específico es la administración de su antídoto, N-acetilcisteína y si la ingesta es reciente están indicados el lavado gástrico y el carbón activado.

11. d) Todas las respuestas son ciertas.

12. a) TVSP.

13. c) Nadie toca al paciente.

14. c) Cuando el reanimador está exhausto.

15. c) 5 ventilaciones.

16. b) 15/2.

17. c) En decúbito supino sobre una superficie dura.

18. a) Es en la línea intermamilar, sobre el esternón.

19. d) Tabla de RCP.

20. c) Un antiarritmico.

TEST N.º 21

Recogida y transporte de muestras biológicas: tipos, características y manipulación. Gestión de residuos sanitarios: clasificación y transporte

1. ¿Qué tipo de envase se emplea para recoger la muestra resultante de una punción capilar?

a) Frascos de boca estrecha.
b) Hisopos.
c) Frascos de llenado por vacío.
d) Microtubos.

2. ¿Qué procedimiento de toma de muestra se emplea más habitualmente cuando estas se llevan a cabo tanto en orificios naturales como en heridas?

a) Mediante frasco de boca ancha.
b) Mediante hisopo.
c) Mediante bolsa de recogida de orina o análogo.
d) Mediante frasco de boca estrecha.

3. ¿Qué medio evita la desecación y muerte de los microorganismos recogidos con un hisopo estéril?

a) El medio de Schwann.
b) El medio de Petri.
c) El medio de Stuart.
d) El medio de Lindor.

4. ¿Qué se puede hacer para evitar una excesiva proliferación bacteriana en una toma de muestra y que así no se altere sustancialmente su resultado analítico?

a) Realizarla con premura, ya que no admite demora.
b) Refrigerando la muestra en los casos necesarios.
c) No se suele hacer nada en particular.
d) Son ciertas las respuestas a) y b).

5. ¿Qué se debe identificar y comprobar antes de los procedimientos de toma de muestra?

a) Usuario al que se le van a realizar los procedimientos.
b) Impresos y protocolos de petición analítica.
c) Requerimientos y preparación previa del paciente.
d) Todo lo anterior.

6. En la fase preanalítica de la muestra de sangre, se da hemodilución si coexiste:

a) Hipovolemia y oligosistemia.
b) Hipovolemia e hipersistemia.
c) Hipervolemia y oligosistemia.
d) Hipervolemia e hipersistemia.

7. Generalmente un hemocultivo se acompaña de:

a) Urocultivo.
b) Coprocultivo.
c) Antibiograma.
d) Todo lo anterior.

8 ¿Qué aditivos poseen las muestras biológicas sanguíneas en las que el tubo posee tapón azul?

a) Gel.
b) Citrato de sodio.
c) Oxalato potásico.
d) ACD.

9. El personal que realiza la técnica de extracción de sangre venosa es:

a) El facultativo.
b) El hematólogo.
c) El diplomado de enfermería.
d) El auxiliar de enfermería.

10. ¿Qué anticoagulante se emplea más habitualmente en los útiles y frascos empleados para las tomas de muestras sanguíneas, esencialmente empleadas en gasometría arterial?

a) Heparina.
b) Penicilina.
c) Metotrexate.
d) Clorhídrico.

11. ¿Cómo se definen los residuos sanitarios según la normativa de Extremadura?

a) Cualquier sustancia generada en hospitales.
b) Solo los residuos de alto riesgo biológico.
c) Sustancias u objetos generados en actividades sanitarias o estéticas que deben ser desechados.
d) Residuos producidos únicamente en hospitales y clínicas.

12. ¿Qué color identifica los residuos domésticos y similares en los centros sanitarios?

a) Azul.
b) Negro.
c) Verde.
d) Rojo.

13. ¿Cuáles son los residuos sanitarios sin riesgo de infección?

a) Residuos químicos peligrosos.
b) Gasas, vendas, guantes desechables no contaminados.
c) Agujas y bisturís usados.
d) Restos anatómicos humanos.

14. ¿Qué residuos se incluyen en el Grupo III (con riesgo de infección)?

a) Material contaminado con agentes infecciosos, objetos punzantes y fluidos corporales.
b) Residuos radiactivos.
c) Medicamentos caducados.
d) Residuos domésticos.

15. ¿Cómo deben eliminarse los residuos cortopunzantes usados en centros sanitarios?

a) En contenedores rígidos de un solo uso con cierre hermético.
b) En bolsas de plástico comunes.
c) En cualquier recipiente siempre que esté bien cerrado.
d) Se pueden reutilizar tras desinfección.

16. ¿Qué residuos están incluidos en el Grupo IV?

a) Medicamentos citotóxicos y citostáticos.
b) Residuos domésticos.
c) Ropa desechable sin contaminar.
d) Alimentos caducados.

17. ¿Cuál es el tiempo máximo de almacenamiento sin refrigeración para residuos del Grupo III en grandes centros sanitarios?

a) 72 horas.
b) 1 semana.
c) 2 semanas.
d) 1 mes.

18. ¿Qué color identifica los contenedores de residuos del Grupo III?

a) Verde.
b) Rojo.
c) Amarillo.
d) Azul.

19. ¿Qué sistema de tratamiento se utiliza para residuos sanitarios con riesgo biológico antes de su eliminación final?

a) Autoclave o incineración.
b) Lavado con agua y jabón.
c) Desinfección con alcohol.
d) Secado al aire.

20. ¿Qué residuos deben ser incinerados obligatoriamente?

a) Material contaminado con priones, como los causantes de la enfermedad de Creutzfeldt-Jakob.
b) Residuos radiactivos.
c) Residuos domésticos.
d) Agujas y bisturís usados.

En MADTEST tienes **más preguntas de este tema, comentadas y argumentadas**, y todos tus avances quedan registrados y se reflejan en el ranking.

¡Supera tus límites con MADTEST!

Solución al test n.º 21

1. d) Microtubos.

2. b) Mediante hisopo.

3. c) El medio de Stuart.

4. d) Son ciertas las respuestas a) y b).

5. d) Todo lo anterior.

6. c) Hipervolemia y oligosistemia.

7. c) Antibiograma.

8. b) Citrato de sodio.

9. c) El diplomado de enfermería.

10. a) Heparina.

11. c) Sustancias u objetos generados en actividades sanitarias o estéticas que deben ser desechados.

12. b) Negro.

13. b) Gasas, vendas, guantes desechables no contaminados.

14. a) Material contaminado con agentes infecciosos, objetos punzantes y fluidos corporales.

15. a) En contenedores rígidos de un solo uso con cierre hermético.

16. a) Medicamentos citotóxicos y citostáticos.

17. a) 72 horas.

18. a) Verde.

19.a) Autoclave o incineración.

20. a) Material contaminado con priones, como los causantes de la enfermedad de Creutzfeldt-Jakob.

TEST N.º 22

Vías de administración de los medicamentos: oral, rectal y tópica. Precauciones para su administración. Condiciones de almacenamiento y conservación. Caducidad. Aplicación local de frío y calor. Procedimientos y precauciones. Técnicas de aplicación de termoterapia, crioterapia e hidroterapia. Manipulación de citostáticos

1. Toda sustancia empleada en la fabricación de un medicamento, ya permanezca inalterada, se modifique o desaparezca en el transcurso del proceso, se llama:

a) Excipiente.
b) Coadyuvante.
c) Materia prima.
d) Principio activo.

2. ¿Cómo se denomina todo medicamento que tenga la misma composición cualitativa y cuantitativa en principios activos y la misma forma farmacéutica, y cuya bioequivalencia con el medicamento de referencia haya sido demostrada por estudios adecuados de biodisponibilidad?

a) Medicamento especial.
b) Medicamento magistral.
c) Medicamento de investigación.
d) Medicamento genérico.

3. ¿Cómo se consideran las «premezclas para piensos medicamentosos» elaboradas para ser incorporadas a un pienso?

a) Medicamentos de uso humano.
b) Medicamentos de uso veterinario.
c) Medicamentos de terapia génica.
d) Medicamentos de origen humano.

4. La farmacodinamia estudia:

a) Los efectos de los fármacos en el organismo.
b) La aplicación de los fármacos en el ser humano con la finalidad de curar o de alterar voluntariamente una función normal.

c) Las reacciones adversas y las enfermedades producidas por los medicamentos.

d) La evolución de un fármaco en el organismo tras su administración por distintas vías, identificando los metabolitos y las modalidades de eliminación.

5. Cuando digo aspirina me estoy refiriendo a:

a) La marca registrada (nombre comercial).
b) Nombre científico.
c) Nombre químico.
d) Nombre genérico.

6. ¿Qué mecanismo de acción de fármacos serán aquellos en los que no intervienen estructuras biológicas especializadas (receptores)?

a) Estocástico.
b) No específico.
c) Específico.
d) Variable.

7. ¿Qué órgano se encarga de la eliminación de los metabolitos?

a) Esófago.
b) Estómago.
c) Hígado.
d) Páncreas.

8. El paso del fármaco de la sangre a los tejidos dependerá de su fijación a:

a) Proteínas plasmáticas.
b) Lípidos serológicos.
c) Glúcidos plasmáticos.
d) ATP circulante.

9. El efecto primario pretendido, es decir, la razón por la cual se prescribe el fármaco, con una dosis mínima eficaz es el efecto:

a) Secundario.
b) Lateral.
c) Terapéutico.
d) Adverso.

10. ¿Qué medicamentos de estos son formas farmacéuticas líquidas?

a) Polvos.
b) Sellos.

c) Emulsiones.
d) Geles.

11. ¿Qué especialidad de la medicina aprovecha los efectos terapéuticos del frío y del calor aplicándolos en las superficies corporales?

a) Fisioterapia.
b) Medicina química.
c) Medicina eléctrica.
d) Electroterapia.

12. El empleo de electricidad como medio físico y terapéutico se denomina:

a) Medicina física.
b) Medicina eléctrica.
c) Electroterapia.
d) Son ciertas las respuestas b) y c).

13. ¿Cómo se denomina la aplicación de frío como medio terapéutico de fisioterapia?

a) Hidroterapia.
b) Helioterapia.
c) Crioterapia.
d) Termoterapia.

14. ¿Sobre qué parte corporal posee mayores repercusiones los efectos del calor en termoterapia?

a) Sobre la piel.
b) Sobre los dientes.
c) Sobre el sistema óseo.
d) Sobre el aparato respiratorio.

15. ¿Sobre qué sistema o aparato no actúa el calor con un efecto terapéutico general?

a) Sobre el aparato cardiocirculatorio.
b) Sobre el sistema nervioso.
c) Sobre el aparato digestivo.
d) Actúa sobre todos los anteriores.

16. ¿Qué técnica se emplea en crioterapia al aplicar sobre la superficie un agente a una temperatura inferior?

a) Radiación.
b) Conversión.

c) Conducción.
d) Convección.

17. La aplicación local de frío no tiene como efecto:

a) Palidez y frío sobre la piel.
b) El antitérmico.
c) El inflamatorio.
d) El antihemorrágico.

18. La manta eléctrica es una forma de aplicación de:

a) Calor seco.
b) Calor húmedo.
c) Frío seco.
d) Frío húmedo.

19. ¿Qué nota técnica del Ministerio de Trabajo y Asuntos Sociales trata del procedimiento de trabajo en cabinas biológicas de manejo de citostáticos?

a) NT 451.
b) NT 233.
c) NT 595.
d) NT 213.

20. En general, la zona de menor seguridad en cabinas biológicas de manejo de citostáticos para el trabajador y el producto son los:

a) 8 cm más próximos a la abertura dorsal.
b) 5 y 10 cm sobre la mesa de la cabina.
c) 8 cm más próximos a la abertura frontal.
d) Por detrás de la "zona de partición de humos".

En MADTEST tienes **más preguntas de este tema, comentadas y argumentadas**, y todos tus avances quedan registrados y se reflejan en el ranking.

¡Supera tus límites con MADTEST!

Solución al test n.º 22

1. c) Materia prima.

2. d) Medicamento genérico.

3. b) Medicamentos de uso veterinario.

4. a) Los efectos de los fármacos en el organismo.

5. a) La marca registrada (nombre comercial).

6. b) No específico.

7. c) Hígado.

8. a) Proteínas plasmáticas.

9. c) Terapéutico.

10. c) Emulsiones.

11. a) Fisioterapia.

12. c) Electroterapia.

13. c) Crioterapia.

14. a) Sobre la piel.

15. d) Actúa sobre todos los anteriores.

16. c) Conducción.

17. c) El inflamatorio.

18. a) Calor seco.

19. b) NT 233.

20. c) 8 cm más próximos a la abertura frontal.

TEST N.º 23

Seguridad del paciente y gestión del riesgo sanitario. Concepto. Identificación, análisis y evaluación de los riesgos. Infección nosocomial: Cadena epidemiológica. Barreras higiénicas. Medidas preventivas. Normas de seguridad e higiene. Aislamiento hospitalario. Protocolo de vigilancia, prevención y control de microorganismos multirresistentes o de especial vigilancia epidemiológica en el entorno hospitalario

1. La seguridad del paciente se entiende como:

a) El coste ocasionado por la asistencia sanitaria.
b) El error ocasionado por los profesionales sanitarios.
c) La ausencia, prevención y minimización del daño ocasionado por la asistencia sanitaria.
d) La deficiente organización de los servicios sanitarios.

2. Según la OMS, la definición de Seguridad del paciente es:

a) No solo la ausencia de daño innecesario real asociado a la atención integral.
b) La ausencia de un daño innecesario real o potencial asociado a la atención sanitaria.
c) El conjunto de elementos estructurales, procesos, instrumentos y metodologías basadas en Evidencias científicamente comprobadas que buscan minimizar el riesgo de sufrir un evento adverso en el proceso de atención de salud.
d) Todas son correctas.

3. Una lesión no intencionada que se relaciona con el proceso asistencial más que con el estado patológico del paciente, es denominado:

a) Riesgo.
b) Efecto adverso.
c) Peligro.
d) Causa contribuyente.

4. Cita cuál es una causa por la que se puede producir un evento adverso:

a) Por error humano.
b) Por fallos en el sistema.
c) Por agentes externos a la organización.
d) Todas son correctas.

5. La teoría del error humano planteada a través del modelo defensivo del "queso suizo" tiene como autor:

a) Peterson.
b) Reason.
c) Lenninger.
d) Frost.

6. La persona con capacidad padecer una enfermedad infecciosa se denomina técnicamente:

a) Portador enfermo.
b) Portador sano o asintomático.
c) Huésped susceptible.
d) Huésped refractario.

7. La Epidemiología de las enfermedades transmisibles estudia los factores que van a relacionar el agente causal con…

a) El portador.
b) El ambiente.
c) El sujeto o huésped susceptible.
d) El reservorio.

8. ¿Cuál de estas afirmaciones no es correcta respecto a los postulados de Koch?

a) Siempre debemos encontrar el microorganismo en la enfermedad.
b) Se debe aislar, pero no se cultiva desde las lesiones.
c) Se reproduce la enfermedad al inocular un cultivo puro a un animal susceptible.
d) El microorganismo debe dar lugar a una respuesta inmune detectable en laboratorio.

9. ¿Cómo se denomina la relación de interacción entre agente causal y huésped cuando existe beneficio para el agente o el huésped, pero sin perjuicio para el otro?

a) Saprofitismo.
b) Simbiosis.

c) Parasitismo.
d) Comensalismo.

10. ¿Cómo se denomina la capacidad del agente etiológico para extenderse?

a) Contagiosidad.
b) Infectividad.
c) Patogenicidad.
d) Virulencia.

11. Generalmente la fuente de la enfermedad transmisible suele ser la misma que:

a) El reservorio.
b) El portador sano.
c) El huésped susceptible.
d) El huésped refractario.

12. El suelo en la cadena epidemiológica se comporta como:

a) Reservorio exclusivamente.
b) Mecanismo de transmisión exclusivamente.
c) Reservorio o mecanismo de transmisión.
d) Huésped refractario o vía de contagio.

13. ¿A qué hace referencia la definición: "Todo ser animado o inanimado, en los que el agente etiológico se reproduce y se perpetúa en un ambiente natural del que depende para su supervivencia"?

a) Reservorio.
b) Fuente de infección.
c) Fuente de contagio.
d) Fuente adicional.

14. ¿Qué es la tasa de prevalencia?

a) Nº de personas portadoras en un período/nº de personas observadas en el período x meses de observación.
b) Nº de casos positivos/personas totales en un período específico.
c) Nº de casos negativos/nº de análisis realizados.
d) Ninguna es correcta.

15. ¿Cuál de estas opciones no es un mecanismo de transmisión indirecta de una enfermedad?

a) Por el aire.
b) Por arañazos.

c) Baños.

d) Artrópodos.

16. ¿Cuál de estos no es propiamente un objetivo del protocolo de vigilancia, prevención y control de microorganismos multirresistentes o de especial vigilancia epidemiológica en el entorno hospitalario?

a) Objetivar los mecanismos de transmisión de las infecciones nosocomiales.

b) Identificar precozmente pacientes colonizados o infectados por microorganismos con recursos terapéuticos limitados y que puedan ser de alto riesgo para los demás.

c) Aplicar estrategias y prácticas para prevenir la transmisión de estos microorganismos en el entorno hospitalario.

d) Detectar e investigar precozmente brotes epidémicos y establecer las actuaciones necesarias para su resolución.

17. ¿Cómo se denomina el caso del paciente que ingresa y tiene una muestra clínica positiva a un determinado MMR (no de vigilancia activa), y del que se tiene constancia que ha estado infectado o colonizado por un MMR previamente al ingreso actual (en este centro hospitalario o en otro) por dicho microorganismo?

a) Caso polivalente.

b) Caso incidente.

c) Caso prevalente.

d) Caso colonizado.

18. ¿Qué tiempo ha de pasar del ingreso para considerar un caso de infección nosocomial como tal?

a) 12 horas.

b) 24 horas.

c) 48 horas.

d) 72 horas.

19. ¿Cuántos casos han de darse en un área de hospitalización concreta o en distintas áreas si existe vínculo epidemiológico entre los casos, para considerarse brote de infección nosocomial?

a) 1 ó más casos.

b) 2 ó más casos.

c) Más de 10^2 casos.

d) Más de 10^3 casos.

20. ¿Cómo se denomina técnicamente la separación de personas infectadas de los huéspedes susceptibles durante el período de transmisibilidad de la enfermedad, en lugares y bajo condiciones tales que eviten o limiten la transmisión del agente infeccioso?

a) Barrera epidemiológica.
b) Cuarentena.
c) Aislamiento.
d) Nada de lo anterior.

En MADTEST tienes **más preguntas de este tema, comentadas y argumentadas**, y todos tus avances quedan registrados y se reflejan en el ranking.

¡Supera tus límites con MADTEST!

Solución al test n.º 23

1. c) La ausencia, prevención y minimización del daño ocasionado por la asistencia sanitaria.

2. d) Todas son correctas.

3. b) Efecto adverso.

4. d) Todas son correctas.

5. b) Reason.

6. c) Huésped susceptible.

7. c) El sujeto o huésped susceptible.

8. b) Se debe aislar, pero no se cultiva desde las lesiones.

9. d) Comensalismo.

10. a) Contagiosidad.

11. a) El reservorio.

12. c) Reservorio o mecanismo de transmisión.

13. a) Reservorio.

14. b) Nº de casos positivos/personas totales en un período específico.

15. b) Por arañazos.

16. a) Objetivar los mecanismos de transmisión de las infecciones nosocomiales.

17. c) Caso prevalente.

18. c) 48 horas.

19. b) 2 ó más casos.

20. c) Aislamiento.

Plan Estratégico de seguridad de pacientes del Servicio Extremeño de Salud. Prácticas clínicas seguras en el ámbito hospitalario y comunitario

1. Indica cuál de los siguientes no es un pilar de la seguridad de la atención sanitaria:

a) La seguridad de pacientes requiere que los objetivos y las decisiones que se tomen en todos los niveles de la gestión estén alineados y dirigidos a conseguir mejorar la seguridad de pacientes.

b) Las decisiones y acciones del personal sanitario deben estar fundamentadas en la mejor evidencia disponible y que hayan demostrado efectividad y seguridad.

c) Pacientes, familiares y cuidadores son una de las piezas claves, deben ser parte activa en su propia seguridad.

d) Sólo los pacientes, familiares y cuidadores tienen la obligación de cuidar por su seguridad.

2. Indica cuál de los siguientes no es un principio ético fundamental en los que se basa la definición de la estrategia del plan estratégico de seguridad de pacientes:

a) Equidad.

b) Amabilidad.

c) Sostenibilidad.

d) Perspectiva de género.

3. Según el análisis DAFO, ¿qué debilidades han persistido?

a) Insuficiente cultura de seguridad y deficiente comunicación.

b) Falta de dotación presupuestaria específica para SP y escasa investigación.

c) Problemas con la "madurez" de la Organización Sanitaria en Seguridad del Paciente.

d) Falta de recursos humanos y desigualdad entre las diferentes áreas sanitarias.

4. La cultura de seguridad en una organización, no se crea de un día para otro, es un proceso continuo, que requiere tiempo en el que se tienen que desarrollar una serie de medidas para ir progresando, como son:

a) Informar y formar a gestores, profesionales y pacientes en temas de seguridad.

b) Fomentar la participación de profesionales y el liderazgo en seguridad e implementar prácticas clínicas seguras.

c) Evaluación periódica de la cultura de seguridad para detectar oportunidades de mejora, comunicar y aprender de los incidentes ocurridos y entrenar y formar equipos en gestión de riesgos.

d) Todas son correctas.

5. Indica cuál de los siguientes no es un objetivo de la línea estratégica de la cultura de seguridad, factores humanos y organizativos:

a) Fomentar la participación activa de profesionales en materia de seguridad de pacientes.

b) Tener un referente de Seguridad de Pacientes en cada unidad/servicio y centro de atención primaria.

c) Valorar el clima de seguridad y fomentar la cultura de seguridad en el Sistema Público de Salud de Extremadura.

d) Consolidar la estructura organizativa óptima para establecer y llevar a cabo las líneas estratégicas priorizadas en Seguridad de Pacientes para la Comunidad Autónoma.

6. En la Comunidad Autónoma de Extremadura, en el periodo de notificación 2013-2018, en la clasificación de los incidentes según su tipo, los incidentes relacionados con la medicación ocupan el:

a) Primer lugar.

b) Segundo lugar.

c) Cuarto lugar.

d) Sexto lugar.

7. ¿Qué significan las siglas IRAS?

a) Infección relacionada con la asistencia sanitaria.

b) Infección relacionada con el ambulatorio social.

c) Infección respiratoria ascendente seria.

d) Infección respiratoria aguda secundaria.

8. ¿Cuál de las siguientes es la actuación para la prevención y control de las IRAS?

a) Disponer en las áreas sanitarias de una Comisión de Infecciones, profilaxis y política antibiótica con renovación periódica conforme al RD 521/87 y adaptada a las características sanitarias de cada área para la gestión de la infección.

b) Elaborar e implantar un programa de prevención de higiene para todos los centros sanitarios y sociosanitarios.

c) Realizar un protocolo unificado del proceso de esterilización.

d) Realizar la observación en higiene de manos por parte de profesionales referentes en ello.

9. Según los objetivos para promover la implantación de prácticas seguras en cirugía, indica el objetivo general:

a) Evaluar y promover la cultura de Seguridad en cada profesional del Bloque Quirúrgico.

b) Reducir el número de infecciones en el lugar quirúrgico.

c) Mejorar la seguridad de pacientes que son sometidos a una intervención quirúrgica

d) Fomentar la adhesión de los hospitales de la Comunidad Autónoma de Extremadura al Programa de Cirugía Segura e Infección Quirúrgica Zero del Ministerio de Sanidad, Consumo y Bienestar Social.

10. Indica cuál de las siguientes no es una actuación para promover la implantación de prácticas seguras en cirugía:

a) Implementar el Proceso Asistencial Integrado (PAI) a Pacientes Quirúrgicos para garantizar la aplicación de las prácticas seguras basadas en la evidencia.

b) Adhesión de los hospitales de la Comunidad Autónoma al Programa de Cirugía Segura del Sistema Nacional de Salud, implantar las recomendaciones y monitorizar los indicadores

c) Implantar y difundir la Guía de Antimicrobianos de referencia de la AEMPS. Desarrollar programas de prescripción diferida en el ámbito del paciente ambulatorio

d) Elaborar un protocolo unificado de profilaxis del tromboembolismo venoso para todos los centros públicos.

11. Indica cuál de los siguientes no es un objetivo en la optimización del uso de antibióticos:

a) Elaborar un programa institucional PROA del SES.

b) Implantar en todas las Áreas de Salud en el ámbito de AP la prueba rápida del test de estreptococos.

c) Elaborar y difundir periódicamente el mapa de resistencia y sensibilidad a antibióticos en las diferentes áreas y a nivel autonómico.

d) Implantar y evaluar los proyectos bacteriemia zero y neumonía zero.

12. ¿Cuál de los siguientes es un objetivo específico en las prácticas seguras en cuidados de los pacientes?

a) Identificar prácticas seguras.

b) Aumentar la seguridad a pacientes.

c) Desarrollar un protocolo único para todos los pacientes.

d) Supervisar el seguimiento y la evaluación de la realización y cumplimentación del listado de verificación de cuidados en los pacientes.

13. Indica de qué programa es este objetivo: "establecer criterios en base a la evidencia científica para la adjudicación de soluciones de base alcohólica en igualdad de condiciones para todos los centros sanitarios":

a) Higiene hospitalaria.
b) Programa de higiene de manos.
c) Programa de prevención y control en unidades asistenciales.
d) Optimización del uso de antibióticos.

14. Indica de qué programa es este objetivo "Consolidar la participación en los estudios nacionales: EPINE, ENVIN-HELICS":

a) Vigilancia de las infecciones relacionadas con la asistencia sanitaria.
b) Prevención y control de las infecciones relacionadas con la asistencia sanitaria.
c) Optimización del uso de antibióticos.
d) Higiene hospitalaria.

15. Es necesario tener en cuenta y destacar que la cultura de seguridad no sólo es exclusiva de gestores y profesionales sanitarios, sino también de:

a) La población.
b) Las organizaciones.
c) El gobierno.
d) Ninguna es correcta.

16. En el estudio de los EA notificados en el SiNASP de los años 2013–2018, los factores contribuyentes relacionados con los factores profesionales más frecuentes son los factores de:

a) "Formación/conocimiento/competencia de los profesionales"
b) Cultura de la organización.
c) Cultura global.
d) Ninguna es correcta.

17. Según la OMS, la caída es:

a) La consecuencia de ciertos acontecimientos que precipitan al paciente al suelo en contra de su voluntad.
b) La consecuencia de cualquier acontecimiento que precipita al paciente al suelo en contra de su voluntad.
c) La consecuencia de cualquier acontecimiento que casi precipita al paciente al suelo en contra de su voluntad.
d) La consecuencia de cualquier acontecimiento que precipita al paciente al suelo.

18. Las caídas, entre la población atendida en el ámbito sanitario, representan un problema:

a) Poco común.
b) Común y sorprendente.
c) Común y persistente.
d) Común e intermitente.

19. No forma parte de las actuaciones para disminuir la incidencia de caídas.

a) Identificar en pacientes mediante la evaluación del riesgo de caída.
b) Establecer planes de cuidados efectivos y personalizados para la prevención, detección, actuación y evaluación ante el riesgo de caída.
c) Formar a profesionales en la prevención de caídas.
d) Formar al ciudadano en la prevención y riesgos de caídas.

20. Debe colocarse en un lugar destacado dentro de la promoción de las prácticas seguras en cuidados la prevención de las:

a) APP.
b) UPP.
c) EPP.
d) OPP.

En MADTEST tienes **más preguntas de este tema, comentadas y argumentadas**, y todos tus avances quedan registrados y se reflejan en el ranking.

¡Supera tus límites con MADTEST!

Solución al test n.º 24

1. d) Sólo los pacientes, familiares y cuidadores tienen la obligación de cuidar por su seguridad.

2. b) Amabilidad.

3. a) Insuficiente cultura de seguridad y deficiente comunicación.

4. d) Todas son correctas.

5. b) Tener un referente de Seguridad de Pacientes en cada unidad/servicio y centro de atención primaria.

6. b) Segundo lugar.

7. a) Infección relacionada con la asistencia sanitaria.

8. a) Disponer en las áreas sanitarias de una Comisión de Infecciones, profilaxis y política antibiótica con renovación periódica conforme al RD 521/87 y adaptada a las características sanitarias de cada área para la gestión de la infección.

9. c) Mejorar la seguridad de pacientes que son sometidos a una intervención quirúrgica.

10. c) Implantar y difundir la Guía de Antimicrobianos de referencia de la AEMPS. Desarrollar programas de prescripción diferida en el ámbito del paciente ambulatorio

11. d) Implantar y evaluar los proyectos bacteriemia zero y neumonía zero.

12. a) Identificar prácticas seguras.

13. b) Programa de higiene de manos.

14. a) Vigilancia de las infecciones relacionadas con la asistencia sanitaria.

15. a) La población.

16. a) "Formación/conocimiento/competencia de los profesionales"

17. b) La consecuencia de cualquier acontecimiento que precipita al paciente al suelo en contra de su voluntad.

18. c) Común y persistente.

19. d) Formar al ciudadano en la prevención y riesgos de caídas.

20. b) UPP.

TEST N.º 25

Concepto de limpieza, infección, desinfección, asepsia y antisepsia. Desinfectantes y antisépticos. Limpieza del material e instrumental sanitario. Métodos de limpieza y desinfección. Criterios de verificación del proceso de limpieza y acondicionamiento del material limpio. Preparación para la esterilización. Concepto y métodos. Manipulación y conservación del material estéril

1. ¿Qué tipo de agentes utiliza más frecuentemente la asepsia para conseguir matar y eliminar los microorganismos?

a) Agentes mecánicos.
b) Agentes físicos.
c) Agentes biológicos.
d) Agentes químicos.

2. El material estéril:

a) No posee ningún tipo de microorganismo patógeno.
b) No posee gérmenes tipo virus, bacterias y hongos.
c) No posee ningún tipo de microorganismo patógeno, ni microorganismo no patógeno, e incluso ni siquiera sus formas de resistencia.
d) No posee ningún tipo de microorganismo patógeno y no patógeno.

3. ¿Qué termino es sinónimo de antisepsia en la práctica?

a) Descontaminación.
b) Desinfección.
c) Esterilización.
d) Desinfestación.

4. ¿Cómo se denomina al conjunto de técnicas destinadas a la eliminación de los artrópodos?

a) Desinsectación.
b) Desinfección.

c) Esterilización.
d) Desinfestación.

5. ¿Qué insecticidas en la práctica se consideran los más importantes?

a) Asfixiantes.
b) Fumigantes.
c) Repelentes.
d) Por contacto.

6. ¿A qué grupo de insecticidas pertenece el famoso DDT?

a) Asfixiantes.
b) Fumigantes.
c) Repelentes.
d) Por contacto.

7. ¿Dónde incluirías a la aguja de Reverdin en la clasificación del instrumental quirúrgico?

a) En instrumental de Hemostasia.
b) En instrumental de sutura.
c) En instrumental de disección.
d) En instrumental de corte.

8. Dentro de la clasificación de bisturíes entra:

a) Tijeras para suturas.
b) Pinzas de Kelly.
c) Las lancetas.
d) Catgut.

9. Las pinzas utilizadas para hemostasia de menor tamaño son:

a) Pean.
b) Kelly.
c) Kocher.
d) Mosquito.

10. El instrumental quirúrgico de síntesis es el instrumental:

a) De talla o campo.
b) De sutura.
c) De hemostasia.
d) De exposición.

11. ¿Mediante qué procedimiento hoy día en los autoclaves modernos se comprueban las condiciones físicas de los aparatos?

a) Mediante impresión de los registros o gráfico directo de los registros de presión, tiempo y temperatura.
b) Mediante sensor térmico.
c) Mediante sensor de presión.
d) Mediante sensor de variables.

12. ¿Cuál de estos métodos de control no corresponde a controles físicos?

a) Los termómetros.
b) Los manómetros.
c) Los tubos testigos.
d) Los medidores de humedad.

13. ¿Dónde se colocan los indicadores colorimétricos como medio de control químico esencialmente térmico que comprueban si la esterilización ha funcionado?

a) Se colocan dentro del paquete a esterilizar y en zonas del interior del autoclave de difícil acceso.
b) Se colocan en el exterior en forma de cinta autoadhesiva y en zonas del interior del autoclave de difícil acceso.
c) Se colocan en el exterior en forma de cinta autoadhesiva y dentro del paquete.
d) Se colocan en el exterior en forma de cinta autoadhesiva, dentro del paquete y en zonas del interior del autoclave de difícil acceso.

14. ¿Qué técnicas de medio de control químico (testigo) se realizan en esterilización?

a) Técnicas azufradas.
b) Técnicas colorimétricas.
c) Técnicas olorimétricas.
d) Las respuestas a) y c) son correctas.

15. ¿De qué depende el período que dura una esterilización?

a) Depende del tipo de control biológico realizado y del tipo de envoltorio empleado.
b) Depende del tipo de envoltorio utilizado y del medio de transporte empleado.
c) Depende del tipo de envoltorio utilizado, de las condiciones de almacenamiento, del tipo de material, y del transporte empleado, entre otros.
d) Depende del tipo de control físico, químico y biológico realizado.

16. ¿Qué se emplea para el transporte del material esterilizado si es voluminoso?

a) Se utilizan grúas especiales.
b) Se utilizan carretillas abiertas.

c) Se utilizan bolsas de plástico cerradas.
d) Se utilizan carros herméticos.

17. El material esterilizado que se vaya a almacenar en las plantas debe ser utilizado en:

a) 6-12 horas.
b) 24-48 horas.
c) 48-72 horas.
d) 72-96 horas.

18. ¿Cuál es el tiempo de caducidad del material esterilizado dentro de las bolsas o papel mixto envasado doble y empleado para autoclaves?

a) De 3 meses.
b) De 6 meses.
c) De 9 meses.
d) De 12 meses.

19. ¿Cuál es el tiempo de caducidad del material esterilizado en las condiciones de triple barrera?

a) 1 mes.
b) 2 meses.
c) 3 meses.
d) 6 meses.

20. ¿Cuál es el tiempo de caducidad del material esterilizado dentro de los contenedores con protección de filtro?

a) 1 mes.
b) 2 meses.
c) 3 meses.
d) 6 meses.

En MADTEST tienes **más preguntas de este tema, comentadas y argumentadas**, y todos tus avances quedan registrados y se reflejan en el ranking.

¡Supera tus límites con MADTEST!

Solución al test n.º 25

1. b) Agentes físicos.

2. c) No posee ningún tipo de microorganismo patógeno, ni microorganismo no patógeno, e incluso ni siquiera sus formas de resistencia.

3. b) Desinfección.

4. a) Desinsectación.

5. d) Por contacto.

6. d) Por contacto.

7. b) En instrumental de sutura.

8. c) Las lancetas.

9. d) Mosquito.

10. b) De sutura.

11. a) Mediante impresión de los registros o gráfico directo de los registros de presión, tiempo y temperatura.

12. c) Los tubos testigos.

13. d) Se colocan en el exterior en forma de cinta autoadhesiva, dentro del paquete y en zonas del interior del autoclave de difícil acceso.

14. b) Técnicas colorimétricas.

15. c) Depende del tipo de envoltorio utilizado, de las condiciones de almacenamiento, del tipo de material, y del transporte empleado, entre otros.

16. d) Se utilizan carros herméticos.

17. b) 24-48 horas.

18. d) De 12 meses.

19. c) 3 meses.

20. d) 6 meses.

Ley de Igualdad entre Mujeres y Hombres y contra la Violencia de Género en Extremadura: Disposiciones Generales. Competencias, Funciones, Organización Institucional, Coordinación y Financiación. Integración de la perspectiva de género en las Políticas Públicas. Ley de régimen jurídico del sector público: el funcionamiento electrónico del sector público

1. Según la Ley 8/2011 de Igualdad de Extremadura, el principio general de actuación que impone a los poderes públicos de Extremadura, en el marco de sus competencias, la obligación de adoptar medidas específicas a favor de las mujeres para corregir situaciones patentes de desigualdad de hecho respecto de los hombres, que serán aplicables en tanto subsistan dichas situaciones, habrán de ser razonables y proporcionadas en relación con el objetivo perseguido en cada caso, se denomina:

a) La igualdad de oportunidades.
b) El respeto a la diversidad y la diferencia.
c) La igualdad de trato entre mujeres y hombres.
d) Acción positiva.

2. Según la Ley 8/2011, ¿qué medidas se establecen para combatir la violencia de género?

a) Exclusivamente la atención a mujeres víctimas de violencia.
b) Sanciones económicas a los agresores.
c) Sensibilización, prevención y derechos de asistencia, protección y recuperación integral para las víctimas y sus familias.
d) Eliminación de los derechos laborales de los agresores.

3. Las técnicas de análisis y planificación que tienen en cuenta la interacción que se produce entre el género y otros factores de discriminación, con el objetivo de atender a la diversidad de las mujeres, mediante la puesta en marcha de mecanismos antidiscriminación de acción integral, se llaman:

a) La interseccionalidad.
b) La transversalidad.

c) La representación equilibrada.

d) El fomento de la diversidad y la diferencia.

4. Según el artículo 2 de la Ley 8/2011, la ley será de aplicación en el ámbito territorial de la Comunidad Autónoma de Extremadura para los siguientes colectivos salvo uno. Indica cuál:

a) Universidad de Extremadura.

b) Todas las entidades que realicen actividades educativas y de formación cualquiera que sea su tipo, nivel y grado.

c) Las Fuerzas Armadas.

d) A las entidades privadas que suscriban contratos o convenios de colaboración con las Administraciones Públicas de Extremadura o sean beneficiarias de ayudas o subvenciones concedidas por ellas.

5. Se entiende que cualquier tipo de trato desfavorable relacionado con el embarazo, la maternidad o la paternidad constituye:

a) Una situación de desigualdad.

b) Discriminación directa por razón de sexo.

c) Discriminación indirecta.

d) Acoso por razón de sexo.

6. ¿Qué implica la "igualdad de oportunidades" según el artículo 3 de la Ley 8/2011?

a) Adoptar medidas para garantizar el acceso a derechos y eliminar discriminación.

b) Tratar a todos de manera idéntica en cualquier situación.

c) Promover leyes generales sin intervención específica en desigualdades.

d) Establecer políticas laborales únicamente para mujeres.

7. En virtud del principio de ruptura de la brecha de género en la Sociedad de la Información, el Conocimiento y la Imaginación ¿Qué han de priorizar los poderes públicos extremeños para la supresión de cualquier tipo de discriminación y el fomento de la igualdad entre mujeres y los hombres?

a) Promover el acceso exclusivo de las mujeres a la tecnología.

b) Implementar políticas de discriminación positiva para hombres.

c) Considerar las implicaciones de género en el avance estratégico hacia la igualdad.

d) Establecer cuotas de participación femenina en empresas tecnológicas.

8. ¿Qué se entiende por "acción positiva" en el marco de esta ley?

a) Programas diseñados exclusivamente para mujeres empresarias.

b) Medidas específicas para corregir desigualdades mediante políticas afirmativas.

c) Aplicación de políticas de igualdad solo en el ámbito educativo.

d) Exclusión de hombres en sectores donde predominan las mujeres.

9. ¿Qué principio fomenta la representación equilibrada según la Ley 8/2011?

a) La promoción exclusiva de mujeres en cargos públicos.

b) La imposición de cuotas exclusivamente femeninas en empresas privadas. c) La reducción de la participación masculina en las candidaturas políticas.

d) La paridad de género en órganos de representación y toma de decisiones.

10. ¿Qué se entiende por "discriminación interseccional"?

a) La discriminación basada únicamente en el género.

b) La discriminación que combina racismo y sexismo.

c) La discriminación debida a la orientación sexual.

d) La discriminación causada por el lugar de residencia.

11. Dentro de la Ley 8/2011, la integración de la perspectiva de género en las políticas públicas se contempla en el Título:

a) I.

b) II.

c) III.

d) IV.

12. La incorporación de la perspectiva de la igualdad de género en la elaboración, ejecución y seguimiento de las disposiciones normativas, así como de las políticas y actividades en todos los ámbitos de actuación, considerando sistemáticamente las prioridades y necesidades propias de las mujeres y de los hombres, teniendo en cuenta su incidencia en la situación específica de unas y otros, al objeto de adaptarlas para eliminar los efectos discriminatorios y fomentar la igualdad de género, se denomina:

a) Interseccionalidad.

b) Representación específica.

c) Transversalidad de género.

d) Acción positiva.

13. ¿Qué organismo elaborará normas o directrices en las que se indiquen las pautas a seguir para la realización de la evaluación previa del impacto en función del género?

a) El Instituto de la Mujer de Extremadura.

b) El Consejo Extremeño de Participación de las Mujeres.

c) La Comisión de Impacto de Género de Extremadura.

d) La Junta de Extremadura.

14. Todos los Proyectos de Ley que apruebe el Consejo de Gobierno deben incorporar:

a) Un informe sobre el impacto por razón de género, por parte de quien reglamentariamente se determine.

b) Una discusión parlamentaria con acta de sesión.

c) Una evaluación de la propuesta/proyecto correspondiente.

d) Una norma con las pautas a seguir para realizar una evaluación sobre el impacto por razón de género en diferentes ámbitos.

15. El Plan Estratégico para la Igualdad entre Mujeres y Hombres de la Junta de Extremadura, será aprobado cada:

a) Dos años.

b) Tres años.

c) Cuatro años.

d) Cinco años.

16. Para la aprobación del Plan Estratégico para la Igualdad entre Mujeres y Hombres de Extremadura será necesario el dictamen de:

a) La Junta de Extremadura.

b) El Consejo Extremeño de Participación de las Mujeres.

c) El Instituto de la Mujer de Extremadura.

d) La Consejería competente en materia de igualdad.

17. ¿Qué objetivos persigue el Plan Estratégico para la Igualdad entre Mujeres y Hombres en Extremadura?

a) Aumentar las subvenciones para proyectos de igualdad.

b) Garantizar la plena igualdad y eliminar la discriminación por razón de sexo.

c) Promover campañas de sensibilización sobre derechos humanos.

d) Reforzar las leyes existentes contra la violencia de género.

18. El informe de evaluación de impacto de género sobre el anteproyecto de Ley del Presupuesto de la Comunidad Autónoma de Extremadura será emitido por:

a) La Junta de Extremadura.

b) El Consejo Extremeño de Participación de las Mujeres.

c) La Comisión de Impacto de Género de Extremadura.

d) La Consejería competente en materia de Igualdad.

19. Según el artículo 7 del Decreto 230/2023, de 12 de septiembre, por el que se establece la estructura orgánica de la Presidencia de la Junta de Extremadura, la persona titular de la Secretaría General de Igualdad y Conciliación tendrá rango de:

a) Consejero.

b) Director General.

c) Subdirector General.

d) Jefe de Servicio.

20. Según el artículo 11 de la Ley 8/2011, el Centro de Estudios de Género desarrolla su labor en tres áreas, entre las que NO figura:

a) Formación.
b) Investigación.
c) Documentación.
d) Sensibilización.

En MADTEST tienes **más preguntas de este tema, comentadas y argumentadas**, y todos tus avances quedan registrados y se reflejan en el ranking.

¡Supera tus límites con MADTEST!

Solución al test n.º 26

1. d) Acción positiva.

s

2. c) Sensibilización, prevención y derechos de asistencia, protección y recuperación integral para las víctimas y sus familias.

3. a) La interseccionalidad.

4. c) Las Fuerzas Armadas.

5. b) Discriminación directa por razón de sexo.

6. a) Adoptar medidas para garantizar el acceso a derechos y eliminar discriminación.

7. c) Considerar las implicaciones de género en el avance estratégico hacia la igualdad.

8. b) Medidas específicas para corregir desigualdades mediante políticas afirmativas.

9. d) La paridad de género en órganos de representación y toma de decisiones.

10. b) La discriminación que combina racismo y sexismo.

11. b) II.

12. c) Transversalidad de género.

13. d) La Junta de Extremadura.

14. a) Un informe sobre el impacto por razón de género, por parte de quien reglamentariamente se determine.

15. c) Cuatro años.

16. b) El Consejo Extremeño de Participación de las Mujeres.

17. b) Garantizar la plena igualdad y eliminar la discriminación por razón de sexo.

18. c) La Comisión de Impacto de Género de Extremadura.

19. a) Consejero.

20. d) Sensibilización.

Cómo acceder al Curso

Técnico Medio Sanitario de Cuidados Auxiliares de Enfermería

Test del temario

El uso de los códigos **es exclusivo de los compradores de los productos de Editorial MAD**. Cada producto posee un código único y de un solo uso. Es personal e intransferible y da acceso a servicios y contenidos adicionales. Editorial MAD se reserva el derecho de hacer cuantas comprobaciones sean necesarias para identificar al legítimo poseedor del código y dejar de dar servicio a quien haga uso fraudulento del mismo, además de emprender cuantas acciones legales estime oportunas según la legislación vigente.

Deberás acceder a:

mad.es/registro-campus

Si una vez aceptadas las condiciones de uso del Campus decides hacer uso del mismo, necesitarás del siguiente código de acceso junto con los códigos del resto de títulos que se exigen (si fuera el caso):

N5MASL6XCI